큰별쌤 최태성의
한국사신문

2 후삼국~고려

기획·글 **최태성**
글 **김혜성**
그림 **송진욱**

아이스크림북스

머리말

한국사를 신문으로 보면
역사의 문이 활짝 열립니다!

안녕하세요, 큰★별쌤 최태성입니다.

저는 오래전부터 이런 생각을 해 왔습니다.

'어린이들이 역사를 좀 더 재밌고, 의미 있게 만날 수는 없을까?'

역사는 단순히 오래된 과거 이야기가 아닙니다. 지금의 나 그리고 우리가 살아가는 세상을 더 깊이 이해하게 해 주는 살아 있는 이야기입니다.

그래서 이번엔 아주 특별한 방식으로 여러분과 역사를 만나고 싶었습니다.

바로 신문입니다!

『큰별쌤 최태성의 한국사신문』은 이름처럼 신문 기사 형식으로 한국사를 풀어 낸 책이에요.

역사 속 주요 사건과 인물을 기자가 되어 직접 취재한 듯 생생하게 담았어요.

마치 오늘 벌어진 일처럼 기사로 정리하고, 역사 속 인물을 인터뷰하고, 광고도 실어 보고, 큰별쌤의 생각을 전하는 칼럼도 함께 담았습니다.

이 책을 펼치면 여러분은 저와 함께 타임머신을 타고 시간 여행을 떠나게 될 거예요.

기사를 읽듯 술술 읽히면서도, 머릿속에는 그 시대의 모습이 그려지고, '왜 이런 일이 일어났을까?', '나는 어떻게 생각하지?'라는 질문이 떠오를 거예요.

이렇게 질문을 던지는 순간, 여러분은 이미 역사를 '공부'하는 것이 아니라 '이해'하고 '생각'하는 멋진 역사 탐험가가 된 거랍니다.

역사는 그냥 외우는 과목이 아니에요. 역사 공부를 통해 우리는 세상을 바라보는 눈과 생각하는 힘을 기를 수 있어요. 그 힘은 여러분이 앞으로 살아가며 만나게 될 세상 속 수많은 선택의 순간에 분명히 도움이 될 거예요.

『큰별쌤 최태성의 한국사신문』 시리즈는 선사 시대부터 근현대까지 한국사의 흐름을 꿰뚫는 여정을 담고 있어요. 이 책은 그 두 번째 여정으로, '② 후삼국~고려'를 다루고 있어요. 신문을 읽듯 가볍게 시작하되, 그 안에서 많은 질문을 던지며 나만의 생각을 쌓아 보세요.

이 책이 여러분에게 역사의 문을 여는 열쇠가 되길 바랍니다. 그리고 그 문 너머에서 과거와 현재를 잇는, 미래로 향하는 멋진 여행을 함께 떠나 보아요.

그럼, 큰★별쌤과 함께 출발해 볼까요?

2025년 8월

큰★별쌤 최태성

한국사신문을 소개합니다!

❶ 큰★별 기자, 한국사 뉴스를 전하다!

"역사를 바라보는 올바른 눈을 키우고
새로운 가치를 읽어 내는 새로운 한국사신문"

중요한 역사적 사건과 인물을 신문 기사에 담았습니다.
큰별 기자가 당대와 현재를 오가며
한국사를 더욱 생생하고 풍성하게 전달합니다.

큰별 기자가 역사에서 주요한 사건과 인물, 의의를 담백하게 전합니다.

보도하는 큰별 기자

역사는 과거와 현재의 끊임없는 대화죠. 큰별 기자가 당대의 인물을 직접 만나 봅니다.

인터뷰하는 큰별 기자

큰별 기자가 역사를 아우르는 통찰력으로 과거를 해석하고, 오늘을 살아가는 우리에게 역사 속 메시지를 되새기게 합니다.

해석하는 큰별 평론가

❷ 이렇게 읽으면 학습 효과가 두 배, 재미는 무한대

기사 제목으로 사건 상상하기
역사적 사실을 한 문장으로 압축했어요. 제목만 읽어도 한국사의 큰 흐름을 파악할 수 있어요.

재치 있는 삽화
그림만으로도 기사 내용이 머리에 쏙쏙 들어와요.

기사로 알찬 역사 지식이 쏙쏙!
꼭 알아야 할 역사 속 이야기를 기사 형식으로 풀어냈어요. 마치 엊그제 일어난 일처럼 즐길 수 있어요.

소제목으로 주요 내용 짚기
기사마다 중요한 내용을 부제로 만들어 핵심 내용을 파악하기 쉬워요.

풍부한 자료 사진
당대를 생생하게 느낄 수 있는 사진이 가득해요.

일러두기
1. 역사적 사실을 고증하거나 평가할 때는 교과서를 기준으로 삼았습니다.
2. 사실에 기초하여 기사를 집필하였으나, 신문의 형식에 맞추고 어린이들이 이해하기 쉽도록 사실 범위에서 가공한 부분도 있습니다.
3. 용어나 지명은 가능한 한 해당 시기의 명칭을 사용하는 것을 원칙으로 하였으나, 확인할 수 없는 경우에는 현재의 명칭을 그대로 썼습니다.
4. 역사상 인물의 모습은 초상화나 인물화를 기초로 삼았으나, 자료가 남아 있지 않은 경우에는 임의로 그렸습니다.
5. 역대 국왕의 명칭은 원래 사후에 정해지지만 편의상 당대에도 쓰인 것처럼 표기하였습니다.

③ 이렇게 구성되었어요

 1면 헤드라인

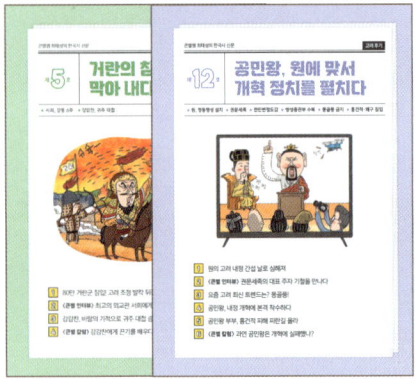

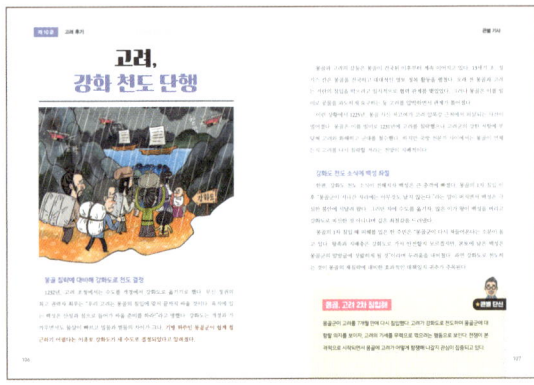 큰별 기사

각 호별로 기사, 인터뷰, 칼럼으로 구성되어 있습니다. 헤드라인에서는 각 신문에서 다루는 핵심 사건과 기사 제목을 소개합니다.

해당 주요 사건을 육하원칙에 따라 다뤘습니다. 그리고 핵심 내용을 쉽게 파악하도록 색으로 표시했습니다.

큰별 광고

당시 상황을 풍자적으로 담아낸 광고입니다. 시대상과 문화를 유쾌하게 표현해 역사적 상상력을 자극하고, 배경지식까지 함께 제공합니다.

큰별 인터뷰

큰별 칼럼

큰별 기자가 역사 속 인물을 직접 만나 이야기를 들어 보는 상상 인터뷰입니다. 인물의 생각과 감정을 느껴 볼 수 있습니다.

큰별 기자가 직접 들려주는 해설 코너입니다. 역사적 의미와 배경, 오늘날과의 연결점을 쉽고 깊이 있게 전합니다. 칼럼을 읽고 나만의 견해를 생각해 볼 수 있습니다.

연표 부록

책 속 주요 사건이 전체 역사 흐름에서 어떤 위치인지 맥락을 파악하며 내용을 정리합니다.

차 례

머리말

한국사신문을 소개합니다

제1호 후삼국 시대 | 후삼국 시대가 열리다 · 13

1. 기사   후고구려·후백제의 등장, 후삼국 시대 개막 … 14
2. 인터뷰   후삼국 시대를 연 궁예와 견훤 전격 회동! … 16
3. 기사   고려 태조 왕건, 후삼국을 통일하다! … 18
4. 칼럼   후삼국을 통일한 왕건의 덧셈 정치 … 20

제2호 고려 전기 | 태조 왕건, 나라의 기틀을 다지다 · 23

1. 기사   고려의 북진 정책 성과 차츰 드러나 … 24
2. 인터뷰   태조 왕건이 호족의 딸 29명과 결혼한 사연 … 26
3. 칼럼   훈요 10조에 담긴 태조 왕건의 뜻 … 28

제3호 고려 전기 | 광종, 개혁의 칼을 빼 들다 · 31

1. 기사   광종, 고려에 개혁 바람 몰고 와 … 32
2. 인터뷰   호족에게 광종의 개혁 정치란? … 34
3. 칼럼   광종은 폭군인가, 개혁 군주인가? … 36
4. 광고   제1회 과거 시험 실시 안내 … 38

제 4 호 고려 전기 | 고려 통치 체제의 틀을 완성하다 · 39

1. 기사 성종, 최승로의 시무 28조 채택! … 40
2. 인터뷰 고려의 통치 체제를 완성한 성종을 만나다 … 42
3. 광고 떠오르는 관광지, 논산 관촉사 석조미륵보살입상 … 44
4. 기사 현종, 5도 양계로 지방 통치 제도 완성! … 46
5. 칼럼 고려의 과거제 실시 어떻게 볼 것인가? … 48

제 5 호 고려 전기 | 거란의 침입을 막아 내다 · 51

1. 기사 80만 거란군 침입! 고려 조정 발칵 뒤집어 … 52
2. 인터뷰 최고의 외교관 서희에게 듣는 외교 협상 기술 … 54
3. 기사 강감찬, 바람의 기적으로 귀주 대첩 승리! … 56
4. 칼럼 강감찬에게 끈기를 배우다 … 58

제 6 호 고려 전기 | 고려, 여러 나라와 교류하다 · 61

1. 기사 팔관회 현장 독점 공개! … 62
2. 기사 벽란도, 국제 무역항으로 떠올라 … 64
3. 인터뷰 서긍에게 듣는 『고려도경』 집필기 … 66
4. 칼럼 열린 사회 고려를 보라! … 68

제 7 호 고려 전기 | 문별 중심 사회가 흔들리다 · 71

1. 기사 윤관, 여진 정벌 후 동북 9성 세워 … 72
2. 기사 이자겸, 왕위 찬탈 시도하다 실패 … 74
3. 인터뷰 이자겸의 난을 진압한 인종을 만나다 … 76
4. 기사 서경 세력, 서경 천도 강력 추진 … 78
5. 칼럼 금 사대, 어떻게 볼 것인가? … 80

제 8 호 고려 전기 | 유학 교육이 발달하다 · 83

1. 기사 사학, 과거 시험 합격의 지름길로 각광 … 84
2. 기사 예종, 국립 교육 제도 개혁 추진해 … 86
3. 인터뷰 김부식에게 듣는 『삼국사기』 집필기 … 88
4. 칼럼 고려 시대에도 사교육이 인기였다? … 90

제 9 호 고려 후기 | 무신들이 정권을 잡다 · 93

1. 기사 무신 정변 발생, 계속된 차별에 무신 불만 폭발 … 94
2. 인터뷰 최씨 정권의 주역, 최충헌을 만나다 … 96
3. 기사 노비 만적, "장상의 씨가 따로 있는가?" … 98
4. 칼럼 만적이 펼친 신분 해방 운동의 의미 … 100

제 10 호 | 고려 후기 | 몽골의 침입에 저항하다 · 103

1. 인터뷰 · 손변에게 듣는 고려의 재산 상속 문화 … 104
2. 기사 · 고려, 강화 천도 단행 … 106
3. 인터뷰 · 김윤후에게 듣는 처인성·충주성 전투 승리 비결 … 108
4. 광고 · 『팔만대장경』 완성 기념 법회 개최 … 110
5. 기사 · 삼별초, 제주에서 고려·몽골 연합군에 패배 … 112
6. 칼럼 · 원종의 선택은 옳았다 … 114

제 11 호 | 고려 후기 | 사상이 발전하고 새 역사서가 편찬되다 · 117

1. 기사 · 지눌, 불교 개혁 운동 펼쳐 … 118
2. 인터뷰 · 불교 개혁과 통합 운동 이끈 지눌을 만나다 … 120
3. 기사 · 민족의 뿌리를 되살리는 서적 출간 잇따라 … 122
4. 광고 · 풍수지리반 수강생 모집 … 124
5. 칼럼 · 우리는 힘들 때 단군을 찾는다 … 126

제 12 호 | 고려 후기 | 공민왕, 원에 맞서 개혁 정치를 펼치다 · 129

1. 기사 · 원의 고려 내정 간섭 날로 심해져 … 130
2. 인터뷰 · 권문세족의 대표 주자 기철을 만나다 … 132
3. 기사 · 요즘 고려 최신 트렌드는? 몽골풍! … 134
4. 기사 · 공민왕, 내정 개혁에 본격 착수하다 … 136
5. 기사 · 공민왕 부부, 홍건적 피해 피란길 올라 … 138
6. 칼럼 · 과연 공민왕은 개혁에 실패했나? … 140

| 제 13 호 | 고려 후기 | 신흥 무인 세력이 등장하다 · 143 |

1 기사   외교 기로에 선 고려, 명이냐 원이냐 … 144
2 기사   신흥 무인 세력, 홍건적·왜구에 연속 승리 … 146
3 인터뷰 최무선에게 듣는 화약 제조 성공담 … 148
4 광고   금속 활자본 『직지심체요절』 한정판 특별 배포 안내 … 150
5 칼럼   고려 말, 성리학 신드롬은 왜 일어났는가? … 152

| 제 14 호 | 고려 후기 | 500년 고려 왕조가 무너지다 · 155 |

1 기사   이성계, 위화도 회군 단행 후 정권 장악 … 156
2 기사   고려 왕조 500년 역사 속으로 사라져 … 158
3 인터뷰 충절과 절개의 상징 정몽주를 만나다 … 160
4 칼럼   역사의 갈림길에서 최영과 이성계의 선택 … 162

큰별쌤 최태성의 한국사신문

후삼국 시대

제 1 호 후삼국 시대가 열리다

◆ 궁예, 후고구려 건국 ◆ 견훤, 후백제 건국 ◆ 왕건, 고려 건국 ◆ 고려, 후삼국 통일

1. 후고구려·후백제의 등장, 후삼국 시대 개막
2. 〈큰별 인터뷰〉 후삼국 시대를 연 궁예와 견훤 전격 회동!
3. 고려 태조 왕건, 후삼국을 통일하다!
4. 〈큰별 칼럼〉 후삼국을 통일한 왕건의 덧셈 정치

| 제 1 호 | 후삼국 시대 |

후고구려·후백제의 등장
후삼국 시대 개막

궁예와 견훤, 각각 후고구려와 후백제 세워

901년, 양길의 부하였던 궁예가 송악을 수도로 삼고 후고구려를 세웠다. 앞서 900년에는 신라 출신 장수 견훤이 후백제를 세운 바 있다. 이로써 한반도는 신라, 후고구려, 후백제로 나뉘며 후삼국 시대에 접어들었다.

궁예는 고구려의 부활을 내세웠지만, 실제로는 신라 왕족 출신으로 알려졌다. 그는 태어나자마자 신라 왕족 사이의 다툼에 휘말려 죽을 위기에 처했으나 유모의 도움으로 가까스로 목숨을 구한 것으로 전해진다. 이 일을 계기로 궁예가 신라에 깊은 반감을 갖게 되었다는 해석도 나온다.

궁예는 열 살 무렵 절에 들어가 승려 생활을 했다고 알려졌다. 그러다가 892년 강원도 일대의 유력한 호족인 양길의 부하가 되었다. 양길의 신임을 얻은 그는 군사를 이끌고 주천, 내성 등 여러 지역을 정복하며 세력을 키웠다. 그리고 결국 양길과의 주도권 다툼에서 승리해 한강 유역과 송악 일대를 장악했다. 고구려 옛 땅의 상당 부분을 차지한 그는 901년 마침내 후고구려를 건국했다. 궁예와 오랫동안 함께한 한 병사는 "궁예와 함께하면 반드시 승리한다. 우리의 고생과 희생을 잘 아는 분"이라며 깊은 신뢰를 드러냈다.

궁예는 후고구려 건국을 선언하며 "신라는 이미 썩었다. 백성의 고통이 하늘에 닿았다. 백성을 위한 새로운 나라를 만들겠다."라고 포부를 밝혔다. 한편, 당과 신라에 멸망한 백제의 원한을 씻겠다며 후백제를 건국한 견훤도 "신라의 왕실과 귀족이 모두 부패했다. 이제는 새로운 리더가 필요하다."라고 강조한 바 있다.

후고구려, 후백제, 신라의 후삼국 시대 열려

후백제와 후고구려가 잇따라 세워지면서 신라의 영토는 크게 축소되었다. 오랜 왕위 쟁탈전으로 왕권이 약해진 신라는 국정 운영이 제대로 이루어지고 있지 않는 상황이다. 이러한 상황에서 신라는 후고구려와 후백제의 압박을 받으며 점점 힘을 잃어 가고 있다. 정치 전문가들은 한동안 세 나라의 주도권 다툼이 계속되며 한반도 정세가 극심한 혼란에 빠질 것으로 내다보고 있다.

| 제 1 호 | 후삼국 시대 |

후삼국 시대를 연 궁예와 견훤 전격 회동!

궁예와 견훤은 새로운 시대를 열겠다며 각각 후고구려와 후백제를 세웠습니다. 그들은 고구려와 백제의 옛 영광을 되찾고자 했지만 결국 짧은 꿈으로 끝나고 말았습니다. 오늘은 두 왕을 만나 이야기를 들어 보겠습니다.

두 분 다 어지러운 시대에 새로운 나라를 세우셨는데요, 그런 결심을 하게 된 계기는 무엇인가요?

내가 대표로 답하지. 당시 신라는 답이 없는 나라였다네. 귀족들의 극심한 괴롭힘에 시달리던 농민들은 도적이 되거나 봉기를 일으켰지. 그러니 새로운 세상을 열어야 하지 않겠나?

큰별 인터뷰

궁예께서는 신라 왕실에서 버림받았다고 알려져 있습니다. 그럼 그때 신라에 대한 적대감이 생겨서 훗날 고구려를 계승하는 나라를 세우신 건가요?

궁예

누가 그러던가! 나는 개인적인 일 때문에 신라에 적대감을 가진 것이 아니라네! 신라가 당에 군사 지원을 요청해 고구려를 멸망시키지 않았는가. 나는 영광스러웠던 고구려를 다시 일으키고자 후고구려를 세운 것이라네!

이번에는 견훤께 여쭤보겠습니다. 신라의 군인 출신이신데 왜 새 나라의 이름을 후백제로 지으셨나요? 후백제가 옛 백제 땅에 세워졌으니 그곳 주민들의 마음을 얻기 위해 백제 부활을 내세운 것이 아닌가요?

나는 신라에 멸망당한 백제 의자왕의 억울함을 풀어 주고자 후백제를 세웠네. 물론 내가 도읍으로 삼은 완산주는 옛 백제의 영토이고 백제의 후예들이 살고 있는 곳이긴 하지. 이들이 나에게 힘이 되기도 했고.

두 분은 결국 후삼국 통일의 주인공이 되지 못했습니다. 그 이유가 무엇인지 서로에게 이야기해 주시겠습니까?

궁예는 스스로 미륵불이라 칭하며, 사람의 마음을 읽는 '관심법'이라는 능력이 있다고 주장했다지. 그러면서 난폭한 정치로 백성과 호족의 반감을 샀으니 당연히 오래 갈 수 없었던 것이네.

아들에게 왕위를 빼앗기고 금산사에 갇히는 신세가 되었던 사람이 할 소리는 아니지. 마지막에는 나라까지 버리고 고려에 항복하지 않았나. 쯧쯧.

나라를 세우는 것도 쉽지 않지만, 백성의 신뢰를 얻고 나라를 발전시키는 일은 그보다 더 어려운 일인 것 같습니다. 지금까지 큰별 기자였습니다.

제 1 호　후삼국 시대

고려 태조 왕건, 후삼국을 통일하다!

고려 태조 왕건, 후삼국 통일에 성공

936년, 태조 왕건이 마침내 후삼국을 통일했다. 그는 후백제와 벌인 일리천 전투에서 후백제 왕 신검의 항복을 받아 내며 승리를 거두었다. 이로써 후삼국 시대는 막을 내리게 되었다.

왕건, 궁예를 몰아내고 고려 건국

태조 왕건의 후삼국 통일은 결코 쉬운 일이 아니었다. 그는 원래 후고구려를 세운 궁예의 신하였다. 그의 아버지 왕륭은 송악의 유력한 호족이었는데, 궁예와 손잡고 세력을 넓혀 왔다. 태조 왕건 역시 궁예를 따라 여러 전투에서 활약하며 공을 세웠고, 그 공으로 궁예의 깊은 신임을 얻었다고 전해진다.

그러나 시간이 지나면서 궁예가 점차 난폭한 정치를 펼치자, 신하들은 그를 몰아내고 왕건을 왕위에 올렸다. 왕건은 나라 이름을 고려로 정하고 송악을 도읍으로 삼았다.

후백제의 내부 갈등, 고려의 후삼국 통일 앞당기다

고려는 건국 초기에 후백제에 밀렸지만, 후백제가 내부 갈등에 휩싸이면서 반전의 기회를 얻게 되었다. 927년, 후백제를 세운 견훤은 신라를 공격해 수도 경주를 함락시키고 경애왕을 살해했다. 왕건은 신라를 도우려고 출전했지만, 공산에서 후백제군에 패해 가까스로 탈출했다고 전해진다.

하지만 930년, 왕건이 이끄는 고려군은 고창 전투에서 후백제군을 크게 격파하며 전쟁의 형세를 뒤집는 데 성공했다.

그리고 5년 뒤인 935년, 견훤은 넷째 아들 금강에게 왕위를 넘기려 했으나, 이에 반발한 첫째 아들 신검에 의해 금산사에 갇히게 된다. 이후 견훤은 약 석 달 만에 금산사에서 탈출해 고려에 항복한다. 후백제의 내분이 고려에 유리한 흐름을 만들어 준 것이다. 결국 왕건은 936년 일리천 전투에서 후백제 왕 신검의 항복을 받아 내어 후삼국을 통일하게 되었다.

이 소식이 전해지자 고려 백성은 "오랜 전쟁과 혼란의 시대가 끝나고 드디어 평화가 찾아왔다."라며 크게 기뻐하고 있다. 앞으로 고려가 어떤 모습으로 발전하게 될지 온 백성의 관심이 집중되고 있다.

제 1 호　　후삼국 시대

후삼국을 통일한 왕건의 덧셈 정치

적까지 보듬는 왕건의 덧셈 정치

"다름을 인정하고 함께 나아가는 통합의 정신"

　　신라는 말기에 이르러 귀족들이 권력 다툼을 벌이면서 왕권이 흔들리고 나라의 힘이 약해졌습니다. 신라 왕실은 지방을 제대로 통제하지 못했고, 이 틈을 타서 지방에서 세력을 키운 호족이 등장했습니다. 이렇게 나라가 혼란할 때 궁예와 견훤은 호족의 힘을 모아 자신의 세력을 키웠습니다. 그리고 각각 후고구려와 후백제를 세우며 후삼국 시대를 열었습니다.

　　후삼국을 이끈 또 다른 인물이 있습니다. 바로 고려를 세운 왕건입니다. 왕건은 원래 궁예의 부하였는데, 어떻게 해서 후삼국 통일의 주인공이 될 수 있었을까요?

　　궁예는 장수 시절에 늘 병사들을 따뜻하게 대했습니다. 병사들은 그를 진심으로 따랐지요. 하지만 왕위에 오른 뒤로는 점차 독단적으로 변했습니다. 자신의 뜻에 반대하는 사람은 누구도 용서하지 않았어요. 심지어 스스로 미륵불이라 칭하고, 자신은 '관심법'이라는 능력으로 사람의 마음을 읽을 수 있다고 주장했습니다.

　　그 과정에서 그는 수많은 신하를 죽였고, 부인과 아들까지 처형했지요. *폭군으로 변한 궁예는 결국 백성과 신하들의 신뢰를 잃고 왕위에서 쫓겨

폭군
사납고 악한 임금.

큰별 칼럼

나게 됩니다.

　견훤은 후백제 건국 초기에 뛰어난 군사력을 바탕으로 나라를 이끌었습니다. 그 덕분에 후백제는 후삼국 중에서 가장 강한 나라로 평가받았고, 후삼국 통일을 이룰 가능성도 가장 높아 보였습니다. 그러나 견훤은 호족의 지지를 얻는 데 실패했습니다. 호족을 자신의 편으로 끌어들이려고 노력하지 않고 독단적으로 행동했죠. 게다가 그는 신라의 금성을 점령한 뒤 신라 왕을 죽이고 백성의 재산을 마구 빼앗는 등 잔인하고 악독한 행동을 일삼았습니다. 또 가족과도 갈등을 겪어서, 말년에는 아들 신검에게 쫓겨나 금산사에 갇히는 처지가 되고 말지요.

　이처럼 궁예와 견훤은 사람들을 거부하고 밀어내는 '뺄셈 정치'를 펼쳤습니다. 반면에 **왕건은 사람들을 감싸고 연합하는 '덧셈 정치'를 했습니다.** 왕건의 덧셈 정치가 어떠했는지 하나하나 살펴볼까요?

제 1 호   후삼국 시대

우호적
개인끼리나 나라끼리 서로 사이가 좋음.

억압
자유로이 행동하지 못하도록 억지로 억누름.

수용
어떠한 것을 받아들임.

우선 왕건은 세금을 줄여 백성의 부담을 덜어 주었습니다. 또한 호족 세력을 자신의 편으로 만들고자 여러 가지 정책을 펼쳤지요. 그는 신라에도 *우호적인 태도를 보이며 경순왕이 자발적으로 고려에 신라를 바치도록 만들었습니다. 그리고 발해 유민을 고려의 백성으로 받아들여 진정한 민족 통일을 이루었지요.

이에 그치지 않고 적으로 두었던 사람마저 품는 모습도 보였습니다. 아들 신검과 갈등 끝에 후백제에서 쫓겨난 견훤마저 받아들이는 모습은 그가 얼마나 사람을 감싸는 인물인지를 상징적으로 보여 줍니다.

왕건의 이러한 태도는 고려 백성에게 안정과 희망을 안겨 주었을 것입니다. *억압과 폭력이 아닌, 존중과 *수용으로 나라를 하나로 이끈 그의 리더십은 후삼국 통일을 이뤄 내는 힘이 되었지요.

오늘날에도 우리는 여전히 '뺄셈 정치'를 목격합니다. 정치인들이 서로 비난하고 갈등을 일으키며 국민을 실망하게 만드는 모습이 반복되고 있습니다. 사회 전반에서도 마찬가지입니다. 우리 사회 곳곳에서 혐오와 차별로 서로를 밀어내는 일이 자주 벌어지고 있습니다.

이런 상황에서 우리는 왕건을 떠올릴 필요가 있습니다. '뺄셈 정치'가 아닌 '덧셈 정치', 갈등과 분열이 아닌 통합과 화합. 이것이 바로 그가 우리에게 남긴 소중한 교훈이지요. '다름을 인정하고 함께 나아가는 화합의 정신'을 실천한다면, 우리 사회는 더욱 성숙하고 건강한 방향으로 발전할 것입니다.

큰별쌤 최태성의 한국사신문　　　　　　　　　　　　　　　고려 전기

제2호 태조 왕건, 나라의 기틀을 다지다

◆ 북진 정책　◆ 결혼 정책　◆ 사심관·기인 제도　◆ 흑창　◆ 훈요 10조

1. 고려의 북진 정책 성과 차츰 드러나
2. 〈큰별 인터뷰〉 태조 왕건이 호족의 딸 29명과 결혼한 사연
3. 〈큰별 칼럼〉 훈요 10조에 담긴 태조 왕건의 뜻

제 2 호　고려 전기

고려의 북진 정책 성과 차츰 드러나

청천강에서 영흥만까지 고려 영토 확장

고려 태조가 건국 직후부터 꾸준히 추진해 온 '북진 정책'이 마침내 큰 결실을 보게 되었다. 국경선이 청천강에서 영흥만까지 올라가며 영토가 크게 확장된 것이다. 나라의 이름을 '고려'라고 한 것에서도 알 수 있듯이, 태조는 고려가 고구려를 계승한 나라임을 줄곧 강조해 왔다. 특히 고구려의 수도였던 평양을 '서경'으로 지정해 북진 정책을 추진하는 중심지로 삼았다. 이에 태조는 평양에 관리를 *파견하고 군사를 두어 남쪽 지방의 백성이 평양으로 옮겨 살게 했다.

발해 유민 적극 포용해 북방 안정 도모

고려는 발해 유민도 적극 받아들였다. 태조는 고려와 마찬가지로 고구려 계승 의식을 가지고 있는 발해를 형제의 나라라고 여겼다. 고려 조정에서는 발해 유민이 안정적으로 고려에 정착하도록 토지를 제공했고, 일부는 관리로 등용하는 등 다양한 지원을 아끼지 않고 있다. 여기에는 발해 유민을 서북 지방에 정착시켜 옆 나라 거란을 견제하려는 의도도 있는 것으로 보인다.

10여년 전 고려에 정착했다는 한 발해 유민은 "당시 우리 가족뿐만 아니라 친척까지 모두 고려에 무사히 정착할 수 있었다. 발해 사람까지 품어 주시니 고려 왕은 진정한 성군이시다!"라고 말하며 눈시울을 붉혔다.

이러한 정책에 힘입어 고려는 국경선을 동쪽으로는 청천강까지, 서쪽으로는 영흥만까지 확장하게 되었다.

태조, 거란과 *국교 단절 선언

한편, 태조는 최근 거란과의 국교 단절을 선언했다. 태조는 "거란이 발해를 멸망시킨 것은 도를 저버린 일이기에 이웃 나라로 인정할 수 없다."라며, 고려에 온 거란 사신을 섬으로 *유배 보내고 거란에서 보낸 낙타는 굶겨 죽게 한 것으로 알려졌다.

고려가 거란에 강경한 태도를 보이고 북진 정책을 이어 가면서 거란과 관계가 악화될 수 있다는 우려의 목소리도 나오고 있다. 한 외교 전문가는 "거란은 발해를 멸망시킨 데 이어 현재 만리장성 남쪽으로 영토를 확장해 나가고 있다. 앞으로 그들이 더 강성해지면 고려에 심각한 위협이 될 수도 있다."라고 전망했다.

*파견 일정한 임무를 주어서 사람을 보냄.
*국교 나라와 나라 사이에 맺는 외교 관계.
*유배 죄인을 먼 곳으로 보내 제한된 곳에서 살게 하던 형벌.

제 2 호 | 고려 전기

태조 왕건이 호족의 딸 29명과 결혼한 사연

고려를 건국한 태조 왕건은 사회의 혼란을 수습하고 백성의 삶을 안정시키고자 노력했습니다. 오늘은 태조 왕건을 모시고 그가 실시한 여러 정책에 관해 들어 보겠습니다.

큰별: 통치하시는 내내 사회를 안정시키는 데 많은 공을 들이셨습니다. 그 이유가 무엇인가요?

태조: 고려는 여러 지방 호족과 힘을 합쳐 세운 나라요. 여기에 발해 유민, 신라와 후백제 사람들까지 함께하게 되었지. 나는 모든 구성원이 자신을 '고려 사람'으로 인식하고, 함께 고려를 발전시키길 바랐소.

큰별 인터뷰

그 덕분에 고려가 빠르게 안정되었습니다. 특히 호족 통합 정책에 신경을 많이 쓰셨다고요?

그렇소. 새로운 나라를 세울 때 그들의 공이 매우 컸소. 내가 왕이 되었다고 갑자기 그들을 배척하는 것은 안 될 말이지. 그래서 호족을 출신 지역의 *사심관으로 임명해 그 지역을 다스리도록 했소.

호족이 자연스럽게 고려의 관리가 된 거군요. 그런데 호족이 지방에서 몰래 힘을 키울 수도 있지 않나요? 그러다 왕권에 도전하기라도 하면 어떻게 하나요?

허허. 분명 그런 우려도 했었지. 그래서 내가 힘이 센 호족의 딸과 결혼해 그들과 가족이 되었다오. 아내를 너무 많이 들인 것 같긴 하지만, 어쩔 수 없었지. 또 *기인 제도를 시행해서 호족의 자식을 수도에 머물게 해 출신 지역의 자문 등을 맡겼다오. 설마 수도에 자식이 있는데 호족이 함부로 반란을 일으키겠소?

그렇군요. 태조께서는 백성의 삶을 안정시키는 데에도 큰 노력을 기울이셨는데, 몇 가지 소개해 주시겠어요?

후삼국이 통일되기까지 백성들은 지배층의 수탈과 오랜 전쟁에 고통을 받았다오. 백성이 평안해야 나라가 평안해지는 법. 나는 신라 말기 이후 어지러워진 토지 제도를 바로잡고 세금을 줄였다오. 또 가난한 백성에게 곡식을 빌려주는 *흑창을 설치해 굶는 이가 없도록 했지.

태조 왕건은 화합과 포용의 정신을 바탕으로 나라를 다스렸습니다. 그 덕분에 고려는 빠르게 나라를 안정시킬 수 있었습니다. 지금까지 큰별 기자였습니다.

***사심관** 서울에 있으면서 고향의 일에 관여하던 벼슬아치.
***기인 제도** 지방 호족의 자제가 수도에 머물며 일하게 하던 제도.
***흑창** 백성에게 곡식을 빌려주었다가 추수 때에 갚도록 해 주던 기관.

제 2 호 | 고려 전기

훈요 10조에 담긴 태조 왕건의 뜻

죽음 이후를 내다본 태조 왕건의 통찰력

"권력 싸움을 하기보다는 고려를 잘 이끌어 가라"

태조 왕건은 죽기 전에 '훈요 10조'를 남깁니다. 훈요 10조란, 후대 왕들이 나라를 다스릴 때 꼭 지켜야 할 10가지 중요한 가르침을 말합니다.

여기에는 불교와 *풍수지리를 중시하고, 서경을 중요하게 여기라는 내용이 담겨 있습니다. 왕위 계승의 기준도 제시되어 있죠. 거란을 경계하며, 발해 유민을 포용하라고 하였으며, 신하와 백성을 공정하게 대하며, 경전과 역사를 본받아 나라를 다스리라고 강조했습니다. 태조 왕건은 왜 후손에게 이런 당부를 남겼을까요?

태조 왕건이 고려를 세우고 후삼국을 통일할 수 있었던 것은 지방 호족의 힘이 뒷받침되었기 때문입니다. 만약 호족의 지원이 없었다면 태조 왕건은 왕위에 오르거나 후삼국을 통일하기 어려웠을 것입니다. 그래서 태조 왕건이 나라를 다스리던 시기를 '호족 연합 정권'이라고 부르기도 합니다.

당시 호족은 각자 독립적인 군사력을 가지고 있었습니다. 자칫하면 그 힘으로 반란을 일으킬 수도 있는 상황이었죠. 이 때문에 태조 왕건에게는 호족을 끌어안으면서도 동시에 견제하는 것이 매우 큰 숙제였습니다.

그래서 태조 왕건은 세력이 강한 호족과 혼인 관계를 맺었습니다. 그 결과 태조 왕건의 부인은 무려 29명에 달했습니다. 이들에게서 태어난 자

풍수지리
지형이나 방위를 인간의 길흉화복과 연결시켜, 죽은 사람을 묻거나 집을 짓는 데 알맞은 장소를 구하는 이론.

큰별 칼럼

식도 많았지요. 태조 왕건의 자식은 모두 34명이었고, 그중 아들은 25명이었습니다. 이는 아들 25명 뒤에 각각 유력한 호족이 있다는 뜻입니다. 이들 호족은 누구나 자기 손자를 왕으로 만들고 싶어 했겠지요. 그러니 태조 왕건이 죽은 뒤에 권력 다툼이 일어날 것은 불 보듯 뻔한 일이었습니다. **그래서 태조 왕건은 훈요 10조를 남겼습니다. 권력을 놓고 다투지 말고, 힘을 합쳐 고려를 잘 이끌어 가라는 뜻을 담아서 말이지요.**

훈요 10조는 단순한 유언이 아닙니다. 태조 왕건이 오랫동안 고민하고 연구한 끝에 완성한 결과입니다. 여기에는 고려 왕조의 정치, 사회, 문화 전반에 걸쳐 지켜야 할 기본 원칙이 담겨 있지요. 태조 왕건은 중국의 역

제 2 호   고려 전기

사를 참고해 한 나라가 발전하고 망하는 이유를 살펴보았습니다. 그리고 이를 바탕으로 후손이 나라를 제대로 다스릴 수 있도록 방향을 제시했습니다. 다양성을 인정하고 통합을 이루자는 메시지와 함께, 앞으로 고려가 나아갈 방향을 분명히 보여 준 것입니다.

고려 왕조는 무려 500년 가까이 이어졌습니다. 물론 모든 왕이 훈요 10조를 충실히 따르지는 않았지만, 그 정신은 여러 역사적 순간마다 고려를 지탱하는 기준이 되어 주었습니다.

훈요 10조는 오늘을 사는 우리에게도 질문을 던지고 있습니다. 우리가 지금 공동체의 미래를 위해 얼마나 고민하고 있는지 말이죠.

권력에는 끝이 있지만, 책임 있는 태도는 오래 남습니다. 태조 왕건은 마지막 순간까지도 자신이 아닌, 나라의 미래를 먼저 생각했습니다. 우리 역시 각자의 자리에서 책임을 다하고 다양성을 존중하며 통합을 위해 힘쓴다면 더 나은 미래를 함께 만들어 갈 수 있을 것입니다.

고려 시대

큰별쌤 최태성의 한국사 신문 ❷ 연표

태조
- 사심관 제도, 기인 제도 실시
- 훈요 10조를 남김
- 서경을 전진 기지로 삼아 **북진 정책** 추진

광종
- 노비안검법 시행
- 과거제 실시

성종
- **최승로**의 시무 28조 수용
  → 유교 정치 이념 채택
- 2성 6부의 중앙 정치 조직 마련
- 12목에 **지방관** 파견
- 건원중보 주조

거란의 1차 침입
- 서희의 외교 담판(993)
- 강동 6주 확보

목종
강조의 정변

현종

거란의 2차 침입

초조대장경 조판 시작

거란의 3차 침입

강감찬의 귀주 대첩(1019)

정종
천리장성 완성

숙종
윤관의 건의로 **별무반** 편성

예종

윤관, 별무반을 이끌고 여진 정벌

동북 9성 축조

인종
- **이자겸**의 난
- **묘청**의 서경 천도 운동

의종

무신 정변 (1170)

무신 집권자의 변천
이의방 → 정중부 → 경대승 →
이의민 → 최충헌
(이후 4대 60여 년 동안 최씨 정권 지속)

무신 집권기

고종

몽골의 침입
- 강화 천도(1232)
- 팔만대장경 편찬

원종
- 개경 환도(1270)
- 삼별초의 대몽 항쟁

삼별초의 항쟁
강화도 (배중손)
↓
진도 (용장성, 배중손)
↓
제주도 (항파두성, 김통정)

원 간섭기

공민왕
- 몽골식 풍습 금지
- 기철 등 친원 세력 제거
- **쌍성총관부** 공격
- 신돈 등용, 전민변정도감 설치
- 정방 폐지

우왕
- 『직지심체요절』을 금속 활자로 인쇄
- 화통도감 설치(최무선)
- 이성계, 위화도 회군(1388)
  → 정권 장악

창왕

공양왕
과전법 제정

조선 건국 (1392)

아이스크림북스

큰별쌤 최태성의 한국사신문　　　　　　　　　　　고려 전기

제3호 | 광종, 개혁의 칼을 빼 들다

◆ 노비안검법　◆ 과거제

1. 광종, 고려에 개혁 바람 몰고 와
2. 〈큰별 인터뷰〉 호족에게 광종의 개혁 정치란?
3. 〈큰별 칼럼〉 광종은 폭군인가, 개혁 군주인가?
4. 〈큰별 광고〉 제1회 과거 시험 실시 안내

제 3 호   고려 전기

광종, 고려에 개혁 바람 몰고 와

새로운 인재 채용 방식 '과거제' 실시

고려 광종이 과거제를 실시한다고 발표했다. 과거제는 나라에 필요한 인재를 시험을 치러 뽑는 제도이다. 이는 중국 수에서 시작되어 당을 거쳐 송대에 완성된 관리 선발 제도를 참고해 마련된 것이다. 이번 과거제 도입은 중국 후주 출신 쌍기가 건의해 추진된 것으로 알려졌다. 과거 시험 주관자인 지공거로 임명된 쌍기는 "앞으로 과거제를 통해 유교적 교양을 갖추고 왕에게 충성을 다할 수 있는 문신 관료를 선발할 예정"

이라고 밝혔다.

과거 신라 시대에는 관직에 진출할 수 있는 자격이 골품, 즉 '신분'에 따라 결정되었다. 고려 건국 이후에도 왕족이나 세력이 강한 호족, 공을 세운 신하의 자손 등에게 관직이 주어지는 것이 일반적이었다.

하지만 이번에 과거제를 실시함으로써 *양인 이상이라면 누구나 관직에 오를 기회가 마련되었다. 이에 따라 옛 신라 *6두품과 발해 출신 지식인들이 신진 관리로 대거 진출할 것으로 전망된다.

호족, 왕권 강화 개혁에 불만 커져

과거제를 실시한다는 소식이 알려지면서 호족이 거세게 반발하고 있다. **956년 노비안검법을 실시한 데 이어 이번에 과거제까지 시행하면서 광종이 호족 세력을 견제하고 왕권을 강화하려는 의도를 분명히 드러냈기 때문이다.**

고려 건국 초기는 후삼국이 경쟁을 벌이는 혼란기였다. 이 시기 호족은 전쟁 포로나 빚을 갚지 못한 가난한 사람들을 노비로 삼아 세력을 키워 나갔다. 광종은 억울하게 노비가 된 사람들이 본래 신분을 되찾을 수 있게 해 주겠다는 명분으로 노비안검법을 실시했다. 그러나 실제로는 세금을 부담하는 양인의 수를 늘려 국가 재정을 늘리고, 호족이 사병으로 삼던 노비의 수를 줄여 그들의 힘을 약화하려는 목적이었다.

익명을 요구한 한 호족은 "노비안검법을 시행할 때만 해도 긴가민가했다. 설마 왕이 지금의 고려가 있게 한 우리 호족을 속이겠는가 싶었던 것이다. 하지만 이번에 과거제를 실시하는 모습을 보고 이 모든 것이 호족 세력을 억누르고 왕권을 강화하려는 개혁이었다는 것이 명확해졌다."라며 불만을 토로했다. 일부 호족은 단체 행동도 불사하겠다는 뜻을 밝혔다.

***양인** 천민을 제외한 모든 사람.
***6두품** 신라 시대 왕족 다음가는 신분의 등급.

제 3 호   고려 전기

 호족에게 광종의 개혁 정치란?

고려 건국에 함께한 호족은 *개국 공신으로 대우받았습니다. 그러나 최근 광종이 노비안검법과 과거제를 단행하면서 그 세력이 점차 약화되고 있습니다. 오늘은 '광종 개혁 반대파'의 대표인 한 호족을 만나 이야기를 들어 보겠습니다.

 **큰별**: **광종의 개혁 정치에 강하게 반발하고 계신다고 들었습니다. 한말씀 부탁드립니다.**

 **호족**: 노비안검법을 실시할 때부터 긴가민가했소. 결국 과거제까지 실시하다니! 왕이 이렇게 우리의 뒤통수를 칠 줄은 몰랐소. 지금 왕은 중요한 사실을 잊고 있소. 호족이 없었다면 고려의 건국, 나아가 후삼국 통일도 이루지 못

큰별 인터뷰

했을 것이오! 개국 공신을 잊은 자에게는 미래가 없다고 강력하게 주장하는 바요.

하지만 노비안검법은 호족도 동의해 진행한 제도가 아닌가요? 억울하게 노비가 된 백성이 원래 신분으로 돌아가는 게 정당하기도 하고요. 이제 와서 배신이라고 여기시는 이유는 무엇인가요?

맞는 말이긴 하오. 하지만 그 당시에도 마음 한구석이 찝찝했소. 억울하게 노비가 된 사람을 원래 신분으로 되돌려 양인이 늘어나면, 그들이 세금을 내게 되어 나라 재정에 도움이 된다는 말에 마지못해 찬성했소. 하지만 막상 노비안검법을 시행하고 보니 우리 호족만 큰 피해를 입게 되었단 말이오! 그 많던 노비가 자꾸 줄어서 우리의 군사 기반이 무너지고 결국 힘을 쓸 수가 없게 되어 버렸소! 그런데 이제는 왕에게 충성하는 신하를 뽑겠다면서 과거제까지 실시하겠다는 것이 아니오? 이쯤 되면 의심할 여지 없이 우리 호족의 힘을 약화하려는 속셈이라 판단되오.

광종이 호족의 힘을 누르고 왕권을 강화하고자 한 것 같네요. 그동안은 광종의 의도를 의심하지 못하셨나요?

전혀 의심하지 못했소. 사실 광종은 그동안 매우 조용한 왕이었소. 왕위에 오른 뒤 7년 동안 별다른 움직임이 없었단 말이오. 우리와도 잘 지내셨고. 책만 읽으시던 분이 어쩌다 갑자기 달라지신 건지 도무지 모르겠소.

광종은 즉위 후 7년 동안 눈에 띄는 움직임 없이 조용히 때를 기다렸습니다. 그리고 마침내 개혁의 칼날을 빼 들어 왕권 강화에 성공했습니다. 광종의 전략가다운 모습이 돋보이는 부분입니다. 지금까지 큰별 기자였습니다.

*__개국 공신__ 나라를 새로 세울 때 큰 공로가 있는 신하.

제 3 호 고려 전기

광종은 폭군인가, 개혁 군주인가?

새로운 세상을 위해 피를 묻힌 왕

"7년간 준비해 뛰어난 정치력과 대담한 개혁 펼쳐"

고려 광종은 노비안검법과 과거제 등을 실시하며 호족의 힘을 약화하고 강력한 왕권을 만든 왕입니다. 이 과정에서 많은 사람이 그의 손에 죽임을 당했기에 '피의 *군주'라고 불리기도 합니다. 얼마나 많은 사람이 희생되었는지, 개국 공신이었던 일부 가문이 *몰락하기도 했습니다. 이 때문에 광종을 부정적으로 바라보는 시각도 있습니다. 그렇다면 광종은 정말 폭군이었을까요?

광종은 즉위 후 7년 동안 크게 눈에 띄는 일 없이 조용히 지냈습니다. 아마도 당시 왕을 능가하는 강력한 힘을 지닌 호족의 경계심을 무너뜨리려고 일부러 그랬던 듯합니다. 하지만 7년 동안 아무것도 하지 않은 것은 아니었습니다. 중국 당 태종과 신하들의 대화를 정리한 책『정관정요』를 열심히 읽었다고 전해집니다. 왕이 나라를 어떻게 다스려야 하는지를 배우려면 반드시 읽어야 한다고 여겨지는 책이었습니다.

7년 동안 잠자코 있던 광종은 갑자기 노비안검법을 내놓습니다. 전쟁과 혼란 속에서 억울하게 노비가 된 사람들을 다시 양인 신분으로 되돌려 주는 법이지요. 노비안검법을 시행하자 당시 호족이 불법으로 소유하고 있던 노비들이 *해방되었습니다. 광종이 그다음에 내놓은 것이 과거제입

군주
세습적으로 나라를 다스리는 최고 지위에 있는 사람.

몰락
재물이나 세력 등이 쇠하여 보잘것없어지다.

해방되다
구속이나 억압, 부담 등에서 벗어나다.

큰별 칼럼

니다. 이제부터는 자신에게 충성하는 실력 있는 사람만 관리로 뽑겠다는 것이지요. 호족은 마침내 광종의 속내를 알아차렸고 더는 참지 않았습니다. 개국 공신을 이렇게 대우하면 안 된다며 들고일어난 것이지요. 그러자 광종은 반발하는 호족을 *역모로 몰아 대대적으로 *숙청했습니다. 만약 과거제를 노비안검법보다 앞서 시행했다면, 호족은 당장 노비를 동원해 반란을 일으켰을지도 모릅니다. 하지만 광종은 노비안검법을 먼저 시행해 호족의 군사력을 약화한 다음 과거제를 실시했습니다. 치밀함이 돋보이는 개혁 순서라고 볼 수 있죠.

당시 호족에게는 광종이 '폭군'으로 보였을 겁니다. 재산과 권력을 차례차례 빼앗아 가고 목숨까지 위협했으니까요. **하지만 광종은 단순히 자신의 권력을 강화하려는 왕이 아니었습니다. 새로운 질서를 꿈꾼 개혁가였습니다. 그가 추진한 제도는 *혁신이었고, 시대의 흐름을 바꿔 놓았죠.** 그는 때를 기다릴 줄 아는 전략가였습니다.

광종이 걸어온 길을 되돌아보며, '나의 때'가 왔을 때 나는 어떤 모습으로 나아갈 수 있을지 고민해 보면 좋겠습니다.

역모
반역을 꾀함.

숙청하다
반대파를 처단하거나 제거하다.

혁신
묵은 풍속, 관습, 조직, 방법 등을 완전히 바꾸어서 새롭게 함.

큰별 광고

제1회
과거 시험 실시 안내

한반도 최초 과거 시험 실시
"고려의 미래를 책임질 주인공을 찾아라!"

신분도 가문도 상관없다!
양인 이상이라면 오직 실력으로 관리가 될 기회!

참가자격 양인이라면 누구나
시험장소 개경 왕궁 앞마당
시험과목 시(詩)·부(賦)·송(頌)·책(策)

※ 합격자는 관리로 임명 예정

큰별쌤 최태성의 한국사신문 　　　　　　　　　　　　　　고려 전기

제4호 고려 통치 체제의 틀을 완성하다

◆ 최승로 시무 28조　◆ 2성 6부　◆ 논산 관촉사 석조미륵보살입상　◆ 5도 양계

1. 성종, 최승로의 시무 28조 채택!
2. 〈큰별 인터뷰〉 고려의 통치 체제를 완성한 성종을 만나다
3. 〈큰별 광고〉 떠오르는 관광지, 논산 관촉사 석조미륵보살입상
4. 현종, 5도 양계로 지방 통치 제도 완성!
5. 〈큰별 칼럼〉 고려의 과거제 실시 어떻게 볼 것인가?

성종, 최승로의 시무 28조 채택!

제 4 호   고려 전기

최승로, 고려 사회에 시급한 개혁 내용 28가지 제시

고려 성종이 최승로가 건의한 '시무 28조'를 공식 채택하며, 고려 사회에 큰 변화를 예고했다. 최근 성종은 5품 이상 관리에게 고려 사회를 개혁할 방안을 올리라고 명했다. 이 가운데 최승로가 제출한 시무책이 받아들여진 것이다. 최승로는 종2품 관리로서 고려 행정의 중요한 업무를 맡고 있으며, 신라 6두품 출신으로 알려졌다.

최승로는 지금 바로 실천해야 할 중요한 개혁 내용을 28가지로 정리해 성종에게 제

큰별 기사

출했다. 여기에는 통치 체제뿐만 아니라 사회 제도, 외교, 국방, 문화 등 다양한 분야의 개혁 내용이 담겨 있는 것으로 알려졌다.

주요 내용을 살펴보면 우선, 최승로는 유교 이념을 바탕으로 나라를 다스려야 한다고 강조했다. 왕은 백성을 위한 정치를 실천하고, 스스로 모범을 보이는 존재가 되어야 한다는 점도 함께 주장했다. 또 왕이 모든 백성을 직접 살필 수 없으니, 믿을 만한 지방관을 파견해 백성을 돌봐야 한다고 제안했다. 그 밖에도 *연등회와 *팔관회 같은 행사를 줄여 백성의 부담을 덜어야 한다는 내용도 포함되어 있었다.

성종, 시무 28조 수용해 체제 정비 예고

성종은 이를 적극 수용해 유교를 통치 이념으로 삼겠다고 선언했다. 그리고 중앙 정치 제도를 정비하고 지방의 주요 지역에 관리를 파견하겠다는 뜻도 밝혔다. 아울러 연등회와 팔관회 등 불교 행사를 줄여 재정 낭비를 막겠다는 의지도 내비쳤다.

시무 28조를 살펴본 익명의 한 관리는 "최승로가 내놓은 시무 28조는 그 내용이 탄탄하고 흠잡을 데가 없다. 현재 고려에 꼭 필요한 내용을 담아 만들었다는 게 대다수 관리의 의견이다. 시무 28조를 바탕으로 하여 고려는 한 단계 더 발전할 것이다."라고 기대감을 내비쳤다.

***연등회** 불을 밝힌 등을 내걸어 나라의 안녕이나 개인의 소원을 빌었던 불교 행사.
***팔관회** 불교와 우리 민족의 고유 민속 신앙 등이 합쳐진 국가적 행사.

제 4 호 고려 전기

고려의 통치 체제를 완성한 성종을 만나다

성종은 중앙 정치 제도 등 나라의 여러 제도를 정비해 고려 발전의 기틀을 완성한 왕으로 평가받습니다. 오늘은 성종을 만나 고려를 어떤 나라로 만들고자 했는지 알아보겠습니다.

하나하나 잘 쌓아야 고려가 오래간다.

지방 제도 정비
중앙 정치 조직 정비
교육 제도 정비
과거 제도 정비

큰별

성종께서는 고려의 정치적·사회적 안정과 발전의 기반을 마련했다고 평가받고 계십니다. 어떤 이념을 가지고 고려를 통치하셨나요?

성종

고려 건국 초기에는 함께 나라를 세운 호족의 세력이 너무 강력해서 상대적으로 왕권이 약했네. 하지만 선대왕인 광종이 통치하던 시기부터 왕권이 강화됐지. 그 덕분에 내가 여러 제도를 마련하고 체제를 정비할 수 있었지. 나는 나라의 새로운 시대를 이끌 기본 정신으로 유교를 선택했네. 이를 바탕으로 중앙 집권 체제를 확립하고자 했지. 또 연등회나 팔관회 같은 대규모 행사를 줄여서 나라의 돈이 함부로 쓰이지 않도록 했다네.

중앙 집권 체제를 어떻게 안정적으로 확립하셨나요?

우선 중앙 정치 조직을 2성 6부로 정비했지. 2성은 '중서문하성'과 '상서성'인데, 중서문하성은 나라의 업무를 논의하고 결정한다네. 상서성은 '이부', '병부', '호부', '형부', '예부', '공부', 즉 6부를 아래에 두고 업무 실행을 담당하지.

또 백성의 삶이 안정되려면 왕의 명령이 나라 곳곳에 잘 전달되어야 한다네. 그래서 지방에 12목을 설치하고 지방관을 파견했다네. 왕의 명령이 지방관을 통해 잘 전달되는 시스템을 마련했지. 그렇게 해서 지방의 행정을 중앙에서도 관리할 수 있었다네.

역할을 분담했으니 효율적으로 관리할 수 있었겠군요. 그런데 이렇게 부서가 다양하면 담당 관리가 부정부패를 저지를 수도 있지 않나요?

자네, 생각보다 예리하군. 그래서 관리들의 부정과 부패를 감시하는 기구도 두었네. 바로 '어사대'라고 하지. 어사대와 중서문하성의 일부 관리를 합쳐 '대간'이라 부르는데, 이들에게는 왕과 신하의 잘못을 바로잡고 부당한 명령을 거부할 권한도 주었지. 권력을 함부로 휘두르지 못하게 견제하는 역할인 셈이지!

성종 때 정비된 통치 체제는 고려가 오랫동안 번영할 수 있는 기반이 되었습니다. 성종은 기초를 다지는 일이 얼마나 중요한지를 알았던 것 같습니다. 지금까지 큰별 기자였습니다.

큰별 광고　고려 전기

떠오르는 관광지
논산 관촉사 석조미륵보살입상

논산 관촉사 석조미륵보살입상
(충청남도 논산시)

어마어마한 크기에 한 번 놀라고, 파격적인 모습에 두 번 놀란다!
국내 최대 크기 석불, 37년 만에 완성!

970년, 광종의 명에 따라 혜명 스님이 장인 100여 명을 거느리고
시작한 공사가 37년이 지난 1006년(목종 9)에 드디어 완공되었습니다.
높이는 무려 55척 5촌! 전통적인 불상과는 다른
파격적인 모습의 불상을 만나 보세요.

감상 포인트

① 머리에는 제왕이 쓰는 면류관같이 생긴 높은 관을 쓰고 있다. 두 눈썹 사이에는 백호가 있고, 눈은 길고 부리부리하며, 코는 넓고, 입술은 두꺼우며, 귀는 어깨까지 길게 늘어졌다.

② 오른손에 꽃가지를 들고 있고, 왼손으로는 *수인을 취하고 있다.

논산 관촉사 석조미륵보살입상
(충청남도 논산시)

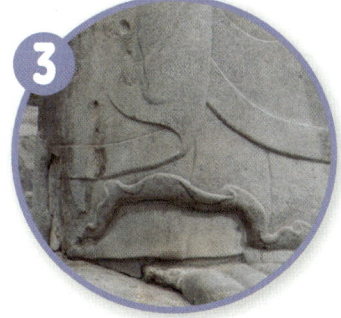

③ *법의에 주름이 새겨져 있으며, 바람에 펄럭이는 옷자락을 표현했다.

④ 발아래에 구름이 있다. 보살상이 하늘에서 구름을 타고 내려오는 모습을 표현했다.

*수인 깨달음의 내용이나 활동을 양쪽 손가락으로 상징적으로 나타내는 모양.
*법의 승려가 입는 옷.

제4호   고려 전기

현종, 5도 양계로 지방 통치 제도 완성!

고려 현종, 새로운 지방 행정 체계 발표

고려의 행정 구역이 대대적으로 개편된다. **현종은 전국을 '경기'와 '5도 양계'로 나누는 새로운 지방 행정 체계를 발표했다.** 해당 체계를 마련하는 데 힘을 보탠 한 관리는 "이번 개편으로 지방을 더욱 효율적으로 통치할 수 있게 되었다. 또 북방의 방어 능력이 크게 향상될 것"이라고 말하며, 국가 안정에 꼭 필요한 변화를 이루었다는 데에 큰 기대감을 보였다.

일반 행정 구역과 군사 행정 구역으로 구분

'경기'는 수도 개경을 보호하고자 설치한 외곽 지역이다. '5도'는 남쪽 지역의 일반 행정 구역이며, 서해도, 교주도, 양광도, 전라도, 경상도로 구성되어 있다. 각 도에 '안찰사'라는 관리를 파견해 해당 지역을 다스릴 예정이다.

'양계'는 북방 국경 지역의 '북계'와 동해안 지역의 '동계'로 나뉜다. 국경 지역의 방어를 담당하는 행정 구역이다. 양계에는 군사와 일반 행정을 모두 담당하는 '병마사'가 파견된다.

5도와 양계 아래에는 주, 군, 현을 두었다. 군, 현은 지방관이 파견되는 '주현'과 지방관이 파견되지 않는 '속현'으로 구분되는데, 주현의 지방관이 주변 속현까지 관리한다.

이 밖에도 각 고을의 특수 행정 구역인 향, 부곡, 소는 그대로 유지된다. 향과 부곡 지역에 사는 백성은 주로 농사를 하며, 소에 거주하는 백성은 국가에서 필요로 하는 물품을 생산한다.

이번 지방 행정 제도 개편은 효율적인 통치와 국방력 강화에 크게 이바지할 것으로 보인다. 다만 중앙에서 모든 지역에 지방관을 직접 파견하지는 못하는 만큼, 일부 지역에서는 행정 공백이나 부작용이 발생할 우려도 있다. 이번 개편이 앞으로 백성의 삶에 어떤 영향을 미칠지는 좀더 지켜봐야 할 것이다.

제 4 호 | 고려 전기

고려의 과거제 실시 어떻게 볼 것인가?

꿈꿀 수 있는 사회의 시작

"실력으로 승부하는 과거제"

여러분은 어떤 꿈을 가지고 있나요? 과학자나 선생님, 디자이너, 아이돌을 꿈꾸는 친구도 있을 거예요. 우리는 지금 자신이 하고 싶은 일을 자유롭게 상상하고 그 꿈을 이루고자 노력할 수 있는 시대에 살고 있어요. 하지만 이렇게 마음껏 꿈꾸고 도전할 수 있는 세상이 저절로 만들어진 것은 아니에요.

과거에는 꿈조차 꾸기 어려운 시대도 있었어요. 태어난 신분에 따라 삶의 방향과 미래가 정해졌던 신분제 사회에서는 더욱 그랬지요. 이런 사회에서는 아무리 똑똑하고 실력이 있어도 신분이 낮으면 높은 자리에 오르는 것은 거의 불가능한 일이었죠. 사람들은 각자 주어진 신분에 따라 정해진 삶을 살아야 했답니다.

노비 집안에서 태어났으면 노비로, 농민 집안에서 태어났으면 농민으로 평생을 살아야 했어요. 양반 집안에서 태어났으면 양반으로, 왕의 아들로 태어났다면 아버지를 이어 왕이 될 기회가 주어졌죠. 개인의 능력이나 *잠재력보다 신분을 훨씬 더 중요하게 여기던 시대였으니까요.

이런 신분제 사회에서 고려의 광종이 새로운 길을 열었습니다. 그는 사람들에게 '실력만 있으면 높은 자리에 갈 수 있는 기회'를 만들어 주었어요.

잠재력
겉으로 드러나지 않고 속에 숨어 있는 힘.

큰별 칼럼

그게 무엇인지 눈치챘나요? 맞아요. 바로 **과거제**입니다. 광종은 단순히 좋은 집안 출신이라는 이유만으로 관직을 주지 않고, 시험을 치러 자신의 실력을 증명할 기회를 공식적으로 마련해 주었어요.

과거제가 실시되자 *기득권을 누리던 호족이 크게 반발합니다. 호족은 대개 집안 어른들이 고려 건국에 큰 공을 세운 대가로 자손들이 자연스럽게 관직을 차지해 왔어요. 그런데 앞으로는 자신의 실력을 증명해야만 관직을 차지할 수 있다니, "이게 무슨 말도 안 되는 소리냐!" 했을 겁니다. 그만큼 과거제 실시는 당시로서는 매우 파격적인 개혁 정책이었습니다.

물론 그렇다고 해서 모든 사람에게 관리가 될 기회가 평등하게 열린 것은 아니었습니다. 천민은 아예 과거 시험에 응시할 수 없었죠. 양인 이상이면 원칙적으로 응시할 수 있었지만, 하루 종일 일하며 생계를 유지해야

기득권
이미 차지하고 있는 권리.

하는 농민이 과거 시험을 준비하기란 사실상 불가능했지요.

게다가 관리가 될 방법에는 '음서'도 있었습니다. 왕족, 공신의 자손, 5품 이상 고위 관리의 자녀는 시험을 보지 않아도 관리가 될 수 있었지요. 또 과거에 합격해도 높은 관직에 오르려면 결국 가문의 뒷받침이 필요했습니다. 이 때문에 결국 나라의 중요한 자리는 일부 유력 가문이 독차지하는 일이 많았습니다.

그렇지만 광종이 심은 작은 씨앗, 즉 '실력만 있으면 관직에 오를 수 있다'는 생각은 시간이 흐르면서 점점 싹을 틔우게 됩니다. **광종 때 시작된 과거제는 이후 조선 시대까지 이어졌고, 조선 시대에는 실력을 더욱 중요하게 여기는 사회로 발전하게 됩니다.** 이러한 변화들이 차곡차곡 쌓인 끝에 누구나 노력과 실력으로 기회를 얻을 수 있는 사회, 바로 지금 우리가 살고 있는 세상이 만들어졌습니다.

'역사가 발전한다'는 말을 다르게 표현하면 '사람들의 자유가 점점 확대되는 과정'이라고 할 수 있습니다. 여기에서 '자유'란, 누군가의 강요나 억압 없이 **스스로 생각하고 선택할 수 있는 권리**를 뜻합니다. 그런 의미에서 과거제는 '노력하면 더 나아질 수 있다'는 희망을 심어 주었고, 누구나 새로운 꿈을 꿀 수 있는 자유를 열어 준 시작점이었다고 볼 수 있습니다.

큰별쌤 최태성의 한국사신문

고려 전기

제 5 호

거란의 침입을 막아 내다

◆ 서희, 강동 6주   ◆ 강감찬, 귀주 대첩

1. 80만 거란군 침입! 고려 조정 발칵 뒤집어
2. 〈큰별 인터뷰〉 최고의 외교관 서희에게 듣는 외교 협상 기술
3. 강감찬, 바람의 기적으로 귀주 대첩 승리!
4. 〈큰별 칼럼〉 강감찬에게 끈기를 배우다

제 5 호　고려 전기

80만 거란군 침입!
고려 조정 발칵 뒤집어

거란 80만 대군, 고려 침공

　993년, 거란의 장군 소손녕이 80만 대군을 이끌고 압록강을 건너 고려를 침입했다. 거란과 고려의 첫 격전지인 봉산군은 거란의 손에 넘어갔고, 고려군의 *선봉장이던 윤서안은 포로로 붙잡혔다.

　예상치 못한 거란의 침입에 고려 조정은 발칵 뒤집혔다. 성종은 긴급회의를 열고, 거란의 침입 의도를 파악하며 대응책 마련에 나선 것으로 알려졌다. 현재 거란군은 청

큰별 기사

천강 부근에서 고려군과 대치하고 있으며, 고구려의 옛 땅을 돌려주고 항복하라고 요구하고 있다. 한 군사 관계자는 "고려는 거란의 침공에 대한 준비가 충분하지 않았다. 80만 대군을 막기에는 역부족이라는 우려가 군 내부에 퍼져 있다."라고 전했다.

서희, 거란과의 협상에 나서

거란이 고려를 침입한 이유는 고려와 송의 친분 때문이라는 분석이 우세하다. 거란은 현재 송을 압박하며 중국 대륙을 장악하려는 계획을 추진 중이다. 한 외교 전문가는 "거란이 송을 공격할 경우, 송과 친분이 깊은 고려가 연합군으로 나설 가능성을 염두에 뒀을 것"이라며, "그런 상황을 사전에 차단하고자 고려를 먼저 공격한 것으로 보인다."라고 분석했다.

실제로 거란은 그동안 고려와 우호 관계를 맺고자 했지만, 고려는 자신들이 고구려의 후손임을 자처하며 발해를 멸망시킨 거란과 거리를 두어 왔다.

일부 대신들 사이에서는 "거란의 요구대로 서경 이북의 땅을 내어 주고 화해하자."라는 주장도 나오고 있다. 그러나 서희는 이에 강하게 반발하며 직접 협상에 나서겠다는 뜻을 밝혔다. **그는 "싸워 보지도 않고 땅을 내어 주는 것은 만세의 치욕이다. 내가 직접 거란의 진영으로 가겠다."라고 말한 것으로 전해졌다.**

과연 서희가 외교 협상으로 거란의 공격을 막아 낼 수 있을지, 고려 조정과 백성 모두의 시선이 그의 행보에 집중되고 있다.

***선봉장** 제일 앞에 진을 친 부대를 지휘하는 장수.

| 제 5 호 | 고려 전기 |

최고의 외교관 서희에게 듣는 외교 협상 기술

서희는 1차 거란 침입 당시, 80만 대군을 전쟁 없이 물러나게 만든 외교의 달인입니다. 그뿐 아니라 거란 장수 소손녕과 담판 끝에 강동 6주 땅까지 얻어 내는 성과를 거두었지요. 서희는 어떻게 소손녕의 마음을 돌릴 수 있었을까요? 서희를 직접 만나 그의 전략을 들어 보겠습니다.

큰별

직접 거란 진영으로 가서 거란의 장군을 만나신 이유가 무엇인가요?

서희

80만 대군은 엄청난 규모요. 당시 고려는 그런 대군을 막을 준비가 전혀 되어 있지 않았소. 거란이 정말로 고려와 전쟁하려 했다면, 그 많은 군사를 이끌고 곧장 고려를 공격해 승리를 거두었을 것이오. 하지만 거란은 고려를 직접 공격하지 않았소. 그것을 보고 이번 침입에 단순히 고려의 땅이나 항복을 요구하는 것 이상의 숨은 의도가 있다는 걸 알았다오. 그들의 의도를 정확히 파악하기만 하면 협상에서 주도권을 쥘 수 있을 것 같았소. 그래서 거란 장수 소손녕을 만났지.

목숨이 위태로울 수 있는 상황인데 그런 용기를 내다니, 대단하십니다. 거란이 침입한 진짜 의도는 무엇이던가요?

거란 장수 소손녕과 직접 대화해 보니, 거란의 본래 목적은 송을 공격하는 데 있었소. 그래서 고려와 송의 관계를 끊으려는 의도로 고려를 침입한 것임을 단번에 알 수 있었지. 나는 거란이 원하는 대로 송과 외교 관계를 끊고 거란과 교류하겠다고 약속했소. 하지만 그저 순순히 물러날 수는 없었기에 나 역시 조건을 제시했지.

오, 어떤 조건을 제시하셨나요?

고려는 고구려를 계승한 나라이니 압록강 일대는 본래 우리 땅이오. 하지만 여진이 그 땅을 차지하고 있어서 거란으로 통하는 길이 막혀 있었지. 그래서 나는 여진을 몰아내고 옛 땅을 되찾는다면, 거란과 충분히 교류할 수 있다고 소손녕을 설득했소. 그 결과, **압록강 일대를 되찾고 그곳에 강동 6주를 설치하는 성과**까지 거두게 된 것이오.

송이라는 거대한 나라를 노리는 거란 입장에서는, 압록강 일대의 작은 땅을 주고 고려를 자기편으로 만드는 것이 유익했을 것이오. 이런 관계를 파악하는 것이 바로 협상의 기술 아니겠소. 서로가 만족할 만한 결과를 만들어 내는 것이 진짜 외교라오.

서희의 국제 정세에 대한 깊은 이해와 통찰력, 논리적인 주장과 당당한 태도가 우리 외교사에서 길이 남을 최고의 명장면을 만들어 냈습니다. 지금까지 큰별 기자였습니다.

제 5 호 　 고려 전기

강감찬, 바람의 기적으로 귀주 대첩 승리!

강감찬, 거란을 상대로 대승 거둬

1019년 3월, 71세 *노장 강감찬이 이끄는 고려군이 귀주 벌판에서 거란을 상대로 대승을 거두었다. 10만 거란군 중에서 살아남은 병사는 수천 명에 불과한 것으로 전해진다. 이번 전투는 지금까지 거란의 세 차례 침입 중에서 가장 크게 승리한 전투로 기록될 것으로 보인다.

거란의 첫 번째 침입은 993년 성종 때 일어났다. 당시 서희가 거란 장수 소손녕과 담판을 벌여 거란군을 물러나게 했다. 이 외교적 성과로 고려는 전쟁을 피하는 동시에 강동 6주 지역까지 확보했다.

두 번째 침입은 현종 때 발생했다. 한 외교 전문가는 거란의 두 번째 침입을 두고 "거란이 강동 6주 지역의 중요성을 뒤늦게 깨닫고는 이를 돌려받으려고 침입했을 가능성이 있다."라고 분석했다. 이때 고려는 수도 개경이 함락되는 위기를 겪었지만, 끈질긴 저항 끝에 거란과 *강화를 맺으며 전쟁을 마무리했다.

그리고 1018년, 거란 장수 소배압이 10만 대군을 이끌고 또다시 고려를 침략했다. 이번에는 강감찬이 이끄는 고려군이 거란군을 물리쳤다. 승리의 배경에는 강감찬의 치밀한 준비와 탁월한 전술이 있었던 것으로 알려졌다.

강감찬을 가까이에서 보좌한 한 군사는 "장군께서는 흥화진에서 쇠가죽으로 강물을 막았다가 터뜨리는 전술로 기습 공격을 펼쳐 거란군에 큰 타격을 입히셨습니다. 또 거란군의 *보급로를 차단해 그들을 *궁지로 몰아넣고, 지형을 활용한 공격으로 사기까지 꺾으셨습니다. 이 얼마나 놀라운 전략입니까!"라며 찬사를 보냈다.

바람이 도운 기적 같은 승리

강감찬의 맹활약에 굶주림과 피로에 지친 거란군은 결국 철수를 결정했다. 하지만 고려군은 철수하는 거란군을 추격해 귀주 벌판에서 마지막 총공격을 펼쳤다. 이때 고려군의 불화살이 바람을 타고 활활 타오르며 거란군 진영을 무너뜨렸고, 이는 결정적인 승리로 이어졌다. 한 장군은 "바람도 우리를 도왔다."라며 기적 같은 승리를 기뻐했다. 이로써 고려는 26년에 걸친 거란과의 전쟁을 끝마쳤다. 강감찬은 귀주 대첩에서 승리한 이후 북방 민족의 침략에 대비해 국경에 천리장성을 쌓자고 제안한 것으로 알려졌다. 앞으로 고려와 거란의 관계가 어떻게 전개될지 귀추가 주목된다.

*노장 늙은 장수.
*강화 싸우던 두 편이 싸움을 그치고 평화로운 상태가 되는 것.
*보급로 작전 지역에 병기, 식량 등의 보급품을 나르는 길.
*궁지 매우 곤란하고 어려운 처지.

강감찬에게 끈기를 배우다

자신의 때를 기다린 강감찬

"시간이 오래 걸리더라도 매일 스스로 갈고닦는다면"

우리는 강감찬을 '귀주 대첩을 승리로 이끈 인물' 정도로만 알고 지나치는 경우가 많습니다. 하지만 단순히 사실을 외우는 것으로 역사 공부를 끝낸다면, 그건 역사를 절반만 공부하는 셈입니다. 역사 속에서 살아 숨 쉬던 사람을 이해하고, 그 사람의 삶에서 우리가 배울 점이 무엇인지 고민하는 것이야말로 역사를 공부하는 참된 목적입니다. 그런 면에서 강감찬이라는 인물의 삶도 좀 더 자세히 들여다볼 필요가 있습니다.

귀주 대첩 당시에 강감찬의 나이는 무려 71세였습니다. 평균 수명이 40세 정도이던 시대이니 매우 장수한 인물이지요. 그 당시 70세가 넘은 나이에 전쟁터에 나가 싸운 것도 놀랍지만, 그가 보여 준 지휘 능력과 전략은 더욱 놀랍습니다. 강감찬은 단순히 운이 따라서 고려군을 승리로 이끈 것이 아니었습니다. 오랜 시간 묵묵히 준비해 온 덕분에 승리를 이룰 수 있었던 겁니다.

사실 강감찬은 젊은 시절부터 특별히 눈에 띄는 인물이 아니었다고 합니다. 전해지는 바로는 비교적 늦은 30대 중반 나이에 관직에 진출했다고 합니다. 『고려사』에 공식적으로 이름이 언급된 것도 그의 나이 62세 때였습니다. 강감찬은 주변 사람들이 보기에는 그저 평범한 관리였을지도 모

큰별 칼럼

 릅니다. 그렇지만 맡은 일을 성실히 하면서 언젠가 찾아올 자신의 때를 위해 스스로 갈고닦았던 것이지요.

 그의 때는 1018년 겨울, 거란이 세 번째로 고려를 침입했을 때 찾아왔습니다. 당시 총사령관이던 강감찬은 흥화진이라는 *요충지에 군사를 *매복시키고 강물에 쇠가죽 줄을 연결해 댐처럼 물을 가두어 거란군을 기다렸습니다.

 거란군이 다리를 건너려 할 때 고려군은 줄을 끊어 갑자기 강물을 흘려보냈습니다. 이에 거란군이 당황하자 정신을 차릴 틈을 주지 않고 고려의 1만 기병이 나타나 기습 공격을 퍼부었습니다. 거란군은 여기에서 크게 패하고 맙니다. **거란군의 진로를 정확히 예측하고 준비한 덕분에 승리할 수 있었던 전투였습니다.**

요충지
지세가 군사적으로 아주 중요한 곳.

매복하다
상대편의 동태를 살피거나 불시에 공격하려고 일정한 곳에 몰래 숨다.

제 5 호   고려 전기

전의
싸우고자 하는 의욕.

거란군은 흥화진에서 큰 피해를 겪고도 물러서지 않고 개경을 향해 진격했습니다. 이에 강감찬은 병력을 나눠 추격과 방어를 동시에 펼치며 거란군의 움직임에 정확히 대응했습니다. 개경 근처에 도달한 거란군은 고려군의 철저한 방어 태세에 막혀 기습에 실패했고, 결국 *전의를 잃고는 물러가게 됩니다.

거란군이 귀주에 이르자, 강감찬은 들판에서 맞대결을 준비했습니다. 고려군과 거란군이 치열하게 싸우고 있던 중, 마침 북쪽에서 강한 바람이 불어오기 시작했습니다. 강감찬은 때를 놓치지 않고 즉시 총공격을 명했습니다. 고려군의 화살이 거란군 진영으로 비처럼 쏟아졌지요.

사기가 드높아진 고려군은 공격을 퍼부었고, 이 전투에서 거란의 10만 군사 중 살아 돌아간 자가 겨우 수천 명에 불과할 정도로 크게 승리했습니다. 이 전투를 귀주 대첩이라고 합니다. 귀주 대첩을 겪고 난 거란은 고려 침입을 완전히 포기하게 되었지요.

강감찬이 거란의 대군에 맞서 고려의 승리를 끌어낸 비결은 무엇일까요? 바로 포기하지 않고 묵묵히 자신이 맡은 일을 해내며 성실하게 살아온 삶의 자세 덕분이었습니다.

우리는 종종 빠른 성공이나 특별한 재능을 부러워합니다. 하지만 강감찬의 삶을 보면 우리는 알 수 있습니다. 지금 당장은 눈에 띄지 않더라도, 비록 시간이 오래 걸리더라도, 매일 정성껏 살아가며 스스로 갈고닦는다면, 누구나 귀주 대첩 같은 기회를 잡을 수 있다는 사실을 말입니다. 기회는 누구에게나 찾아오지만, 그 기회를 잡을 수 있는 사람은 오직 준비된 사람이라는 걸 꼭 기억해야겠습니다.

큰별쌤 최태성의 한국사신문

고려 전기

제6호

고려, 여러 나라와 교류하다

◆ 팔관회 ◆ 『고려도경』 ◆ 벽란도 ◆ 균분 상속

1. 팔관회 현장 독점 공개!
2. 벽란도, 국제 무역항으로 떠올라
3. 〈큰별 인터뷰〉 서긍에게 듣는 『고려도경』 집필기
4. 〈큰별 칼럼〉 열린 사회 고려를 보라!

제6호　고려 전기

팔관회 현장 독점 공개!

팔관회, 왕과 신하, 외국 사신까지 함께해

고려 왕실이 주관한 팔관회가 성대하게 열렸다. 불교와 *토속 신앙이 어우러진 팔관회는 고려를 대표하는 국가 행사이다. 하늘과 땅, 산과 용의 신들에게 제사를 올리며 나라의 평안과 왕실의 번영을 기원한다.

이번 팔관회에는 왕과 개경의 관리뿐 아니라 각 지방을 대표하는 관리도 참석했다. 송과 거란에서 온 외국 사신들 역시 자리해 왕에게 축하 인사와 공물을 전하며 외교

큰별 기사

관계를 더욱 돈독히 했다.

행사를 처음 찾은 한 백성은 "나라의 안녕을 기원하는 제사를 직접 볼 수 있어 뜻깊다. 축제처럼 즐길 거리도 많아 내년에도 꼭 오고 싶다."라고 말했다. 송에서 온 사신은 "고려 왕실의 중요한 행사에 참석해 문화를 직접 경험할 수 있어 매우 뜻깊다."라고 소감을 전했다.

국제 교역의 장이 되다

팔관회 행사장 주변에는 외국 상인들도 눈에 띄었다. 아라비아 상인이 귀한 양털로 짠 고급 양탄자를 전시하자 귀족들이 큰 관심을 보였다. 여진 상인은 튼튼한 말, 겨울옷으로 인기 있는 담비 모피 등을 판매했다.

외국 상인들이 가져온 이색 물품을 구경하던 한 백성은 "고려에서 보기 힘든 물건을 보는 것만으로도 즐겁다. 팔관회를 통해 우리 고려가 다른 나라와 활발히 교류하고 있다는 것이 느껴져 기쁘다."라고 소감을 전했다. 실제로 팔관회 기간 동안 상인들을 통해 주변국의 소식을 접할 수 있었다.

온 백성이 함께한 축제

행사장 한편에서는 재주꾼들의 공연이 흥을 더했다. 음악에 맞춰 춤을 추고 묘기를 부리는가 하면, 무용과 연극 공연도 이어졌다. 거리 곳곳에서는 놀이판이 펼쳐져 백성들도 함께 어우러졌다.

이번 팔관회는 단순한 종교 의식을 넘어 왕과 신하, 외국 사절과 백성이 함께 참여해 교류하고 즐기는 화합의 축제로 성황리에 마무리되었다.

***토속 신앙** 특정 지역이나 사회의 고유한 전통적인 신앙.

제6호 고려 전기

벽란도, 국제 무역항으로 떠올라

벽란도, 교통 편리해 여러 나라 상인의 발길 이어져

고려 예성강 하구에 있는 벽란도가 국제 무역항으로 급부상하고 있다. 예성강은 수심이 깊어 큰 배가 자유롭게 드나들 수 있어 해상 교통에 매우 적절하다. 또 수도 개경과 가깝다는 지리적 이점도 벽란도 성장의 중요한 요인이 되고 있다.

최근 벽란도 일대는 다양한 국적의 상인들과 진귀한 물품들로 붐비며 활기가 넘치고 있다. 현재 고려는 송, 거란, 여진, 일본 등 여러 나라와 활발히 교류하고 있으며,

먼바다를 건너야 갈 수 있는 아라비아와도 교류하고 있다. 이는 고려의 국제적 위상이 한층 높아지고 있음을 보여 준다.

고려는 송에서 비단, 차, 약재, 책 등을 들여오고 있고, 아라비아 상인에게서 수은과 향료 같은 물품을 수입하고 있다. 이런 수입품은 고려의 지배층 사이에서 큰 인기를 끌고 있다.

고려의 주요 수출품으로는 인삼, 종이, 먹, 금은 *세공품, *나전칠기, 청자 등이 있다. 특히 인삼은 품질과 효능이 뛰어나 높은 가격에 거래되고 있다. 최근에는 청자도 인기가 높아지고 있다.

벽란도를 찾은 한 아라비아 상인은 "고려청자의 신비로운 색감은 어디서도 본 적이 없고, 곡선의 아름다움은 눈이 부실 정도이다."라며 극찬을 아끼지 않았다.

고려, 코리아(Corea)로 *서역에 알려져

한편, 아라비아 상인과의 교역은 단순한 상업을 넘어, 고려의 이름을 서역에 알리는 데에도 큰 기여를 하고 있다. 고려의 뛰어난 문화는 이제 동방을 넘어 서방 세계로 퍼져 나가며, 더 넓은 외교·문화 교류의 가능성을 열고 있다.

또 다른 아라비아 상인은 "고려는 서역에서 '코리아(Corea)'라고 불린다. 아마도 발음 차이에서 비롯된 듯하다"고 전했다.

서역과의 교류가 활발해지면서, 앞으로 고려의 문화, 이른바 'C-컬처'가 동아시아를 넘어 세계인의 주목을 받을 수 있을지 기대를 모으고 있다.

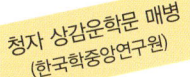
청자 상감운학문 매병
(한국학중앙연구원)

*세공품 잔손을 많이 들여 정밀하게 만든 물건.
*나전칠기 빛깔이 고운 조개껍데기 조각을 여러 모양으로 붙여 꾸미고 옻으로 칠한 나무 그릇이나 기구.
*서역 중국 서쪽에 있던 여러 나라를 통틀어 이르는 말. 넓게는 중앙아시아, 서아시아, 인도를 포함한다.

제 6 호 　고려 전기

서긍에게 듣는 『고려도경』 집필기

    서긍은 송 사절단의 일원으로 고려를 방문한 인물입니다. 그는 고려에서 보고 듣고 경험한 내용을 책으로 정리해 송 황제 휘종에게 바쳤습니다. 그 책이 바로 『선화봉사고려도경』, 흔히 『고려도경』이라 불리는 외교 보고서입니다. 오늘은 『고려도경』의 저자 서긍을 만나 그의 눈에 비친 고려의 모습을 들어 보겠습니다.

큰별

서긍께서는 무려 40권 분량인 『고려도경』을 집필하셨습니다. 고려가 그만큼 인상 깊으셨나 봅니다.

서긍

    그렇습니다. 고려는 매우 인상적인 나라였습니다. 사실 송 사절단의 임무 중 하나가 고려의 *실정을 살피는 일이었죠. 그래서 글과 그림으로 보고서를 작성할 인력도 함께 파견되었습니다. 저는 한 달간 고려에 머물며 보

큰별 인터뷰

고 들은 것을 글과 그림으로 남기려고 노력했지요. 『고려도경』은 고려의 건국 역사부터 생활 문화까지 주제별로 정리한 책입니다. 누구나 고려를 이해할 수 있도록 구성했지요.

그림까지 그려 남기셨다니 놀랍습니다. 개인적으로 가장 인상 깊었던 것은 무엇인가요?

가장 기억에 남는 것은 단연 고려청자입니다. 고려청자의 푸른빛은 송의 자기와는 다른 아름다움이에요. 특히 찻그릇처럼 작고 정교한 도자기에서 비취색이 도는 모습이 매우 인상 깊었지요. 불교와 토속 신앙이 어우러진 국가 행사인 팔관회도 매우 독특했습니다. 청결함을 중시하는 고려인의 모습도 실제로 경험해 보니 사실이더군요.

꽤 깊이 있게 관찰하셨군요. 그런데 혹시 송이 고려의 비밀을 알아내려고 사절단을 보낸 것은 아닙니까?

허허, 설마요. 저희가 고려에 머문 기간은 6월 중순부터 7월 중순까지 한 달 남짓이었습니다. 또 *순천관에 머무는 동안 밖으로 외출한 것도 대여섯 번에 불과했지요. 그렇게 짧은 방문으로 고려의 속사정을 다 알 수는 없습니다. 물론 외교 자료를 마련하려는 목적은 있었지만, 단지 그것이 전부입니다.

『고려도경』은 송나라 사신의 시선으로 쓴 책이기에 고려의 모습을 모두 정확히 담았다고 보긴 어렵습니다. 하지만 고려의 정치, 사회, 문화, 생활상을 이해하는 데 귀중한 자료가 되고 있습니다. 지금까지 큰별 기자였습니다.

***실정** 실제의 사정이나 정세.
***순천관** 고려 시대에 외국 사신들을 맞이하던 숙소.

제6호 고려 전기

열린 사회 고려를 보라!

개방적이고 다양성이 보장된 사회, 고려

"다양성을 존중할 때 새로운 가능성 열려"

조선은 성리학을 바탕으로 세워진 나라입니다. 성리학의 핵심인 질서, *위계, 도덕, 규범 등을 중시하며 사회를 운영했지요. 신하는 임금에게 충성을 다하고, 백성은 양반을 따르며, 남성과 여성의 역할도 뚜렷이 구분되는 사회였습니다. 국가적으로는 스스로 '소중화(小中華)', 즉 작은 중국으로 여기며 중국을 본받는 것을 가장 바른길이라고 믿었습니다. 이런 흐름 속에서 개인의 선택과 다양성은 점차 설 자리를 잃어 갔어요.

하지만 그보다 앞선 고려 시대는 조선 시대보다 오히려 개방적이고 다양성을 존중하는 사회였습니다.

우선, 고려는 **다양한 종교를 포용**했습니다. 유교를 정치 이념으로 삼으면서도 불교를 적극 장려해 사회 전반에 깊은 영향을 미쳤고, 도교와 토속 신앙도 배척하지 않았습니다. 특히 국가 차원에서 불교·도교·토속 신앙이 융합된 제사 의식인 팔관회를 열어, 종교 간 조화를 이루려는 모습을 보였습니다.

가족 제도도 고려는 조선과 확연히 달랐습니다. 고려에서는 가정 내 여성의 지위가 상대적으로 높았습니다. **균분 상속**이라 하여, 딸과 아들이 부모의 재산을 동등하게 상속받았고, *호적에도 태어난 순서대로 이름이

위계
지위나 계층 등의 등급.

호적
한 집안의 주인인 호주를 중심으로 하여 그 집에 속한 사람의 신분을 자세히 기록한 공문서.

큰별 칼럼

올라갔습니다. 부모가 돌아가신 뒤 지내는 제사도 아들과 딸이 돌아가며 맡았습니다. *음서 제도 역시 아버지 쪽과 어머니 쪽 가문 모두의 혜택을 받을 수 있었죠.

고려는 외국과 교류하는 데에도 열린 태도를 보인 사회였습니다. 외국 상인과 기술자가 개경에 머물며 자연스럽게 고려 사회에 녹아들었고, 외국인에게 관직을 부여하는 일도 있었습니다. 낯선 문화를 배척하기보다 기꺼이 받아들이는 개방적인 태도는 고려 사회의 큰 강점이었습니다.

이처럼 고려는 조선에 비해 상대적으로 개방적이고 다양성을 인정하는 사회였다고 할 수 있습니다. 이러한 기반 위에서 고려는 독창적이고 풍요로운 문화를 꽃피워 나갔습니다.

음서 제도
고려와 조선 시대에 특정 관리의 자손이나 친족에게 시험 없이 관직을 주는 제도.

제 6 호   고려 전기

　고려 사회의 모습은 오늘날 우리가 어떤 사회를 만들어야 할지에 대한 좋은 본보기가 됩니다. 지금 우리는 성별, 출신, 문화, 정치적 견해가 서로 다른 사람들과 함께 살아가고 있습니다. 다른 나라의 문화가 다양한 채널을 통해 매일같이 우리 사회에 들어오고 있지요.
　이럴 때일수록 고려 사람들처럼 열린 마음으로 서로의 차이를 인정하고 존중하는 자세가 더더욱 필요합니다. 우리가 그러한 태도를 지닐 때, 우리 사회는 더 많은 가능성을 바탕으로 건강하고 풍요롭게 발전할 수 있을 것입니다.

큰별쌤 최태성의 한국사신문 고려 전기

제7호
문벌 중심 사회가 흔들리다

◆ 윤관, 여진 정벌　◆ 별무반　◆ 동북 9성　◆ 이자겸의 난　◆ 묘청, 서경 천도 운동

1. 윤관, 여진 정벌 후 동북 9성 세워
2. 이자겸, 왕위 찬탈 시도하다 실패
3. 〈큰별 인터뷰〉 이자겸의 난을 진압한 인종을 만나다
4. 서경 세력, 서경 천도 강력 추진
5. 〈큰별 칼럼〉 금 사대, 어떻게 볼 것인가?

제 7 호   고려 전기

윤관, 여진 정벌 후
동북 9성 세워

신기군   신보군   항마군

고려, 여진 정벌 마침내 성공

윤관이 이끄는 고려군이 여진 *정벌에 성공하고 여진 영토 일부를 손에 넣었다는 소식이 전해졌다. 두 차례 실패를 딛고 이룬 값진 승리이기에 그 기쁨이 더욱 크다. 이로써 북쪽에서 세력을 키워 가던 여진에게 고려의 군사력과 위상을 강하게 심어 주었다.

여진은 압록강 부근에 부족 단위로 흩어져 살던 민족인데, 해마다 고려에 조공을 바치며 고려를 부모의 나라로 섬겨 왔다. 그러나 12세기 초, 완옌부를 중심으로 세력

큰별 기사

을 통합한 여진은 두만강과 함경도 일대를 차지하며 고려를 위협하기 시작했다.

여진의 침략이 계속되자 고려 숙종은 여진 정벌을 명했다. 이때 고려 장군 임간이 나섰다가 여진에게 크게 패하고 말았다. 이에 윤관이 숙종의 명으로 다시 여진 정벌에 나섰다. 하지만 윤관 역시 참패를 겪었다. 윤관은 패배 후 열린 기자 회견에서 "여진의 군대는 주로 말을 타고 공격하는 기병으로 구성되어 있다. 그러나 우리 고려군은 맨몸으로 움직이는 보병이 중심이다. 애초에 이기기 어려운 싸움이었다. 대책이 필요하다."라고 밝히기도 했다.

여진 정벌의 성공 요인, 별무반

이 실패를 계기로 윤관은 기병 중심 전투력의 필요성을 깊이 깨달았다. 이에 숙종에게 특수 부대 창설을 건의했다. 그 결과 탄생한 부대가 바로 '별무반'이다.

별무반은 기병 부대인 신기군, 보병 부대인 신보군, 승려로 이루어진 항마군으로 구성된 부대이다. 윤관은 이 별무반을 이끌고 두 번째 여진 정벌에 나섰고, 그 덕분에 승리를 거머쥘 수 있었다.

여진 정벌 이후 윤관은 점령한 동북 지역에 성을 쌓으라고 지시한 것으로 알려졌다. 현재까지 웅주, 영주, 복주, 길주에 성이 축조되었다. 앞으로 함주와 공험진 등에도 성을 쌓을 것으로 알려졌다. 9개 성이 완성된 이후에는 고려의 국경을 알리는 비석을 세울 것으로 보인다.

숙종의 뒤를 이은 고려 예종은 "이번 여진 정벌은 태조 대왕 때부터 추진한 북진 정책을 이어 나간 것"이라고 밝히고, "옛 고구려 땅의 일부를 회복하게 되어 기쁘다."라고 여진 정벌에 성공한 소감을 밝혔다.

*정벌 적 또는 죄 있는 무리를 무력으로써 침.

제 7 호 고려 전기

이자겸, 왕위 찬탈 시도하다 실패

이자겸의 난, 실패로 돌아가

이자겸이 군사를 동원해 왕위 *찬탈을 시도했으나 실패하고 유배형을 선고받았다. 이자겸은 고려 인종의 외할아버지이자 장인이다. 인종 즉위 후 어린 왕을 보좌한다는 명목으로 권력을 장악했다. 그는 자신의 힘을 앞세워 주요 관직을 그의 친척과 측근으로 채웠고, *매관매직으로 막대한 부를 축적해 왔다. 그뿐 아니라 자신의 집을 '의친궁'이라 부르게 했고, 자신의 생일을 '인수절'이라고 칭하는 등 왕 같은 대우를 요구한 것으로도 알려졌다.

큰별 기사

　이자겸의 권력 남용이 날이 갈수록 심해지자 인종은 이자겸을 제거할 계획을 세웠다. 그러나 이 사실을 알아챈 이자겸이 척준경과 함께 반란을 일으켰고, 반대파를 숙청한 뒤 인종을 별궁에 가두었다. 이자겸은 이 기회에 인종을 폐위하고 스스로 왕위에 오르려 했던 것으로 알려졌다.

　그러나 왕의 측근인 최사전 등이 척준경과 이자겸을 이간질하는 데 성공하면서 상황이 반전되었다. 척준경은 군사를 이끌고 이자겸 세력을 진압했고, 그렇게 '이자겸의 난'은 마무리되었다. 이자겸은 체포되어 유배형을 받았고, 그의 딸들은 왕비 자리에서 쫓겨났다. 이자겸의 측근들도 유배형 등의 처벌을 받을 것으로 보인다.

문벌의 권력 독점이 화 키워

　한 정치 전문가는 "이번 사건은 개인의 단순한 권력 투쟁이 아니라, **오랜 기간 문벌에게 권력이 집중되면서 발생한 구조적인 문제**라고 생각한다. 문벌의 권력 독점이 계속된다면 고려 사회에 심각한 균열이 생길 것이다."라고 경고했다.

　고려는 건국 이후 지방 호족과 신라 6두품 출신 유학자들이 지배층을 형성해 왔다. 이들 중 여러 세대를 거쳐 고위 관리를 배출한 가문은 문벌로 성장했다. 문벌은 과거와 음서를 바탕으로 나라의 주요 관직을 독차지했다. 또 왕실이나 다른 문벌과 혼인 관계를 맺으며 세력을 더욱 강화해 왔다. 이자겸도 대표적인 문벌인 경원 이씨인데, 경원 이씨는 대대로 왕실과 혼인 관계를 맺어 외척으로서 막강한 권세를 누려 왔다.

　이자겸의 난은 진압되었지만, 인종의 권위가 크게 떨어지면서 고려 정치는 더욱 불안정해질 것으로 전망된다. 고려 인종은 "이번 사건을 계기로 나라를 새롭게 다스릴 것"이라고 밝혔다. 인종이 어떤 방식으로 왕권을 회복하고 혼란을 수습할지에 관심이 집중되고 있다.

***찬탈** 왕위나 국가 주권 등을 억지로 빼앗음.
***매관매직** 돈이나 재물을 받고 벼슬을 시킴.

제 7 호 　 고려 전기

이자겸의 난을 진압한 인종을 만나다

　고려 인종은 반란 세력의 분열을 이용해 이자겸의 난을 진압했습니다. 하지만 이 반란 때문에 궁궐이 불타는 등 혼란이 있었는데요, 오늘은 인종을 만나 당시 긴박했던 상황과 앞으로의 계획을 들어 보겠습니다.

큰별

이자겸의 난으로 고생하셨다고 들었습니다. 듣자 하니 어릴 적부터 이자겸의 도움을 받아 나라를 다스리셨다고요?

인종

　그렇소. 나는 열네 살이라는 어린 나이에 왕이 되었소. 내가 왕위에 오를 수 있었던 것도 나의 외할아버지였던 이자겸의 입김이 있었기 때문이지. 그래서 나는 즉위 후 이자겸에게 의지할 수밖에 없었소. 이자겸은 자신의 권력을 더 강화하려고 자신의 셋째, 넷째 딸을 나와 결혼시켰지. 그들은 나의 이모였지만 나는 거절할 힘이 없었소.

이자겸의 난이 일어났을 때 한동안 이자겸의 집에 갇혀 계셨다고요. 어떻게 이자겸의 난을 무산시키신 건지 궁금합니다.

이자겸은 척준경과 함께 난을 일으켰소. 하지만 이자겸이 워낙 오만하다 보니, 함께한 이들을 제대로 존중하지 않았지. 가만히 지켜보니 이자겸과 척준경 사이가 서서히 틀어지는 것이 눈에 보였소. 그래서 척준경을 우리 편으로 끌어들여 병력을 확보한다면, 이자겸을 무너뜨릴 수 있을 거라고 생각했소. 그래서 최사전을 시켜 둘 사이를 이간질했지. 결국 척준경이 우리 쪽으로 넘어왔고, 직접 이자겸을 체포하면서 반란은 무사히 진압되었다네. 실제로 문벌 사이에서도 이자겸의 평판은 점점 나빠지고 있었으니, 일이 이렇게 흘러간 것도 이상한 일은 아니었소. 자신이 믿던 사람에게 배신당한 것은 뼈아프겠지만, 결국 *자업자득 아니겠소?

이번 사태로 왕권이 많이 약해졌다는 의견이 있습니다. 인종께서는 어떻게 생각하시나요?

자네 말이 맞소. 아무리 반란이 진압되었다고 하더라도 신하한테 왕위를 빼앗길 뻔하지 않았소. 나의 권위가 땅으로 떨어졌지. 하지만 나는 달라질 것이오. 개혁 세력을 등용해 왕권을 강화할 방침이오. 또 지방의 인재를 많이 등용하고 국방력을 강화할 거라오.

권력이 한쪽으로 집중되면 사회는 병들게 됩니다. 권력에 대한 견제와 균형이 이루어질 때 사회가 건강하게 유지될 수 있습니다. 지금까지 큰별 기자였습니다.

***자업자득** 자기가 저지른 일의 결과를 자기가 받음.

제 7 호 고려 전기

서경 세력, 서경 천도 강력 추진

서경 세력, 인종과 함께 서경 천도 주장

　승려 묘청을 중심으로 한 서경 세력과 김부식을 중심으로 한 개경 세력의 대립이 날로 격해지고 있다. 이번 갈등은 서경 세력이 서경 *천도를 강력하게 주장하면서 시작된 것으로 보인다. 개경 세력은 절대 수도를 바꿀 수 없다며 이에 맞서고 있다.

　고려 인종은 이자겸의 난 이후로 문벌 세력을 견제하는 정책을 펼치고 있다. 인종의 한 측근은 "이자겸이 난을 일으킬 수 있었던 이유는, 문벌 세력이 대대로 권력을 독점해 왔기 때문이다. 왕권을 강화하고 나라의 기강을 바로잡으려면 문벌의 권력을 약화해야 한다."라고 강조했다.

현재 인종과 함께 개혁을 추진 중인 서경 세력은 풍수지리와 *도참사상에 근거한 '*서경 길지설'을 내세우며 수도 이전을 주장하고 있다. 서경 세력의 한 관리는 "이제 개경 시대는 끝났다. 명당인 서경으로 수도를 옮기면 고려가 천하를 다스리게 될 것"이라고 주장한 것으로 전해졌다. 서경으로의 수도 이전은 이런 명분을 내세워 문벌 세력이 장악한 개경을 벗어나 서경을 중심으로 개혁 정치를 실현하려는 정치적 목적도 함께 담긴 것으로 보인다.

이와 더불어 서경 세력은 금을 정벌하고, 황제를 칭하며, 독자적인 연호를 사용할 것도 주장하고 있다. 인종은 이를 받아들여 서경에 궁궐을 새로 지은 것으로 알려졌다.

개경 세력, "서경이 좋은 땅일 리 없어"

반면 개경 세력은 서경이 명당이라는 주장에 의문을 제기하고 있다. 한 개경파 관리는 "올해 여름에 서경의 궁궐 30여 곳에 벼락이 쳤다. 서경이 기운이 좋은 곳이라면 이런 일이 생길 수 없다."라며 서경 천도에 강력히 반대하고 있다. 아울러 금을 받들어 섬기는 것 또한 전쟁을 피하고 나라를 안정시키기 위한 어쩔 수 없는 선택"이라고 주장했다.

개경 세력의 거센 반대에 부딪힌 인종은 결국 서경의 새 궁궐로 행차하려던 계획을 전면 보류한 것으로 전해졌다.

서경 세력과 개경 세력의 첨예한 대립은 당분간 이어질 전망이다. 과연 인종이 서경 천도를 단행해 외교와 정치에 새로운 개혁의 바람을 일으킬지 관심이 집중된다.

***천도** 나라의 수도를 다른 곳으로 옮기는 일.
***도참사상** 앞날의 길흉에 대한 예언을 믿는 사상.
***서경 길지설** 서경으로 수도를 옮기면 천하를 통일하게 될 것이라는 주장.

제 7 호   고려 전기

금 사대, 어떻게 볼 것인가?

금 사대, 나라의 안정을 위한 선택이었을지도

"금 사대가 최선의 선택이었는지는 생각해 봐야"

12세기 초에 여진은 금을 건국했습니다. 금은 세워지자마자 순식간에 동아시아의 강대국으로 떠올랐습니다. 거란이 세운 요를 멸망시키고 송의 수도를 점령하는 등 빠르게 세력을 확장해 나갔죠. 그리고 고려에도 사대를 요구했습니다. 사대란, 작은 나라가 큰 나라를 받들어 섬기는 일을 말합니다. 금이 고려에 '금을 임금의 나라로 받들고 신하의 예를 갖추라'고 요구한 것이지요.

고려 조정의 많은 신하는 금에 사대하는 것은 *굴욕적이라며 강하게 반발했습니다. 금은 여진이 세운 나라이고, 여진은 고려를 부모의 나라로 여기며 조공을 바치던 민족이었으니까요. 그런 여진을 거꾸로 임금의 나라로 받들라고 하니, 충분히 굴욕적이라고 여길 만했습니다.

하지만 당시 고려에서 실질적으로 권력을 쥐고 있던 이자겸은 다르게 판단했습니다. 그는 "금이 이제는 너무 강한 나라가 되었다. 더는 고려가 맞서 싸워 이길 수 있는 나라가 아니다. 만약 금과 전쟁을 하게 된다면 고려가 위험하다."라며 금에 사대해야 한다고 강력히 주장했죠.

물론 이자겸이 이런 제안을 한 것은 오로지 나라를 위해서만이 아닙니다. 자신의 권력을 안정적으로 유지하려는 계산도 포함되어 있었죠. 그는

굴욕적
남에게 억눌려 업신여김을 받는.

큰별 칼럼

고려가 금과 충돌하는 일을 피해서 외부 위협을 줄여야만 고려에서 자신의 정치적 위치를 더욱 확고히 할 수 있다고 판단한 것이죠.

결국 고려는 이자겸의 주도로 금에 대한 사대를 받아들이게 되었습니다. 금의 군사력이 고려보다 강한 상황에서 만약 고려가 금에 강경한 태도로 대응했다면 전쟁이 *불가피했을 것이고, 그 피해는 고스란히 백성에게 돌아갔을 것입니다.

당시 백성의 삶은 매우 고단했습니다. 고려는 건국 이후 외세의 침략을 지속해서 겪어 왔으니까요. 하루도 평안한 날이 없었으니, 백성은 평화롭

불가피하다
피할 수 없다.

제 7 호   고려 전기

고 안정된 삶을 간절히 바랐습니다. **금과 전쟁을 하지 않는 것은 어쩌면 굴욕적인 선택이 아니라 나라의 평화와 백성의 삶을 지키는 방법이었을 수도 있습니다.** 금 사대를 단순히 이자겸 개인의 권력을 유지하려고 선택한 굴욕적 외교로만 해석할 수 없는 이유입니다.

하지만 금 사대를 받아들인 선택이 최선인지는 생각해 봐야 합니다. 거란이 80만 대군을 이끌고 고려를 침입했을 때를 기억하나요? 당시 서희는 거란군을 직접 만나 담판을 짓고 큰 전쟁 없이 위기를 넘겼습니다. 오히려 강동 6주 지역을 고려의 영토로 얻어 내기도 했죠.

이번에도 마찬가지입니다. **고려가 금과 전쟁을 하지 않으면서도 고려의 *자주성을 지킬 외교적 방법이 존재했을 가능성도 있습니다. 하지만 이자겸이 나라의 안정과 위상을 어떻게 균형 있게 지킬지를 신중하게 고민했는지는 보이지 않습니다.** 그렇기 때문에 이자겸의 선택에 비판이 따르는 것입니다.

당시 고려의 상황에 오늘날 우리나라의 처지를 비춰 볼 수 있습니다. 지금의 우리나라도 강대국 사이에서 신중한 외교적 균형을 요구받고 있습니다. 국제 관계에서 우리가 어떤 태도를 지녀야 할지 고민해 봐야 합니다. 자주성을 분명히 하되 현실적인 이익도 놓치지 않는 외교적 지혜를 발휘해야 할 것입니다.

자주성
스스로 일을 처리할 수 있는 능력이나 성질.

큰별쌤 최태성의 한국사신문

고려 전기

제8호 유학 교육이 발달하다

◆ 최충, 9재 학당 ◆ 국자감 ◆ 김부식, 『삼국사기』

1. 사학, 과거 시험 합격의 지름길로 각광
2. 예종, 국립 교육 제도 개혁 추진해
3. 〈큰별 인터뷰〉 김부식에게 듣는 『삼국사기』 집필기
4. 〈큰별 칼럼〉 고려 시대에도 사교육이 인기였다?

제8호 고려 전기

사학, 과거 시험 합격의 지름길로 각광

9재 학당, 최고 명문 사학으로 우뚝

고려에 사학 열풍이 거세지고 있다. 사립 교육 기관인 사학은 개경에만 12곳이 모여 있어 '사학 12도'라 불린다. 이들 대부분은 실제로 과거 시험을 주관했던 관리 출신 유학자들이 설립했으며, 과거 시험의 실전 노하우를 전수해 주는 것으로 알려져 있다.

이 때문에 사학 12도는 과거 합격 필수 코스로 자리 잡았고, 전국 각지에서 학생들이 몰려들고 있다. 그중에서도 해동공자로 불리는 최충이 세운 9재 학당은 최고 명문으로 꼽힌다. 최충은 직접 과거 시험을 주관하며 수많은 인재를 발굴한 경험이 있는 데다 학문적 깊이도 뛰어나, 고려 최고의 학자로 평가받고 있다.

9재 학당에서 공부 중인 한 학생은 "9재 학당의 입학 경쟁이 치열해서 입학하기가 너무 어려웠다. 입학 준비 과외를 따로 받았다."라며 "어렵게 들어온 만큼 열심히 공부해서 꼭 과거에 합격하고 싶다."라고 다짐을 전했다.

사학 12도의 인기 비결, 높은 과거 시험 합격률

사학 12도가 과거 시험 합격자를 많이 배출하는 비결은 '과거 시험 맞춤형 교육'에 있다. 과거 시험 과목 중심으로 교육 과정이 구성되어 있으며, 실전 대비 훈련에 특히 집중하고 있다.

대표적으로, 초에 눈금을 그어 놓고 제한 시간 안에 글을 짓는 '각촉부시' 훈련으로 사고력과 작문 능력을 기르는 연습을 실전처럼 반복한다. 9재 학당 관계자는 "실제 시험과 유사한 환경에서 연습해 학생들의 긴장을 줄이고 실전 감각을 높이고 있다."라고 밝혔다.

한 교육 전문가는 "5품 이상 고위 관리 집안이 아니라면, 출세할 수 있는 길은 결국 과거 시험뿐"이라며 "바늘구멍 같은 과거 시험에 합격하려면, 국립 학교보다는 과거 시험 준비에 특화된 사학을 선호하는 것은 당연한 경향"이라고 분석했다.

과거 시험 경쟁이 갈수록 치열해지면서 사학 12도에 쏠리는 관심과 인기는 당분간 계속될 것으로 보인다.

제8호 고려 전기

예종, 국립 교육 제도 개혁 추진해

고려 조정, 국립 교육 제도 개혁 단행

사립 교육 기관인 사학 12도의 인기가 드높아지면서 국립 교육 기관인 '국자감'의 위상이 흔들리고 있다. **이에 고려 조정에서는 국립 교육 기관으로서 국자감의 기능을 회복하고 유능한 인재를 육성하고자 대대적인 개혁을 단행했다.** 이번 교육 개혁은 갑자기 이루어진 일이 아니다. 예종이 즉위 직후부터 국립 교육 제도를 어떻게 정비할지 고민하며 관심을 기울여 온 결과이다.

우선, 고려 조정에서는 국자감에 전문 강좌인 '7재'를 신설했다. 7재는 현재 고려에서 가장 인기 있는 사립 교육 기관인 9재 학당을 본떠 만든 강좌이다. 7재는 유교 경전을 포함해 법률, 수학, *병서 등 실용 과목까지 포함한 교육 과정으로 구성되어 있다. 그중에서도 특히 무인 관료를 기르는 '무학재' 과목이 눈에 띈다. 국자감에는 지금까지 무인 관료를 양성하는 과정이 없었는데, 이번에 개편하면서 새롭게 마련되었다. 이로써 국자감의 인재 교육이 유학에만 국한되지 않도록 했다. 앞으로는 7재를 바탕으로 고급 관료를 양성하는 체계적이고 전문적인 교육이 이루어질 것으로 보인다.

장학 재단 '양현고' 설립 추진

또 고려 조정에서는 장학 재단인 '양현고'를 설립해 운영하기로 했다. 국자감은 설립 초기부터 국가에서 지급한 토지에서 나오는 세금으로 재정을 충당해 왔으나, 점차 *재정난을 겪게 되었다. 이를 보완하고자 조정에서는 양현고를 설치해, 국자감 운영에 필요한 재원을 마련하고자 한 것이다.

국자감 운영을 담당하는 한 관리는 "현재 과거 합격자의 대부분이 사학 12도 출신이다. 이번에 *관학 진흥책을 추진함으로써 다양한 교육 기회를 확대하고, 사학에만 의존하던 인재 양성을 공공으로 끌어들이겠다."라며 의지를 밝혔다. 이번 고려 조정의 교육 개혁으로 국자감이 최고 국립 교육 기관으로서의 위상을 되찾을 수 있을지 관심이 집중되고 있다.

***병서** 군사를 지휘하여 전쟁하는 방법에 관해 쓴 책.
***재정난** 돈이 부족해 생기는 어려움.
***관학** 나라에서 세운 교육 기관.

제 8 호 | 고려 전기

김부식에게 듣는 『삼국사기』 집필기

현재 전하는 가장 오래된 우리나라 역사책은 『삼국사기』입니다. 오늘은 『삼국사기』의 저자 김부식을 만나 어떻게 이 책을 쓰게 되었는지 들어 보겠습니다.

큰별
『삼국사기』의 저자를 만나 뵙게 되어 영광입니다. 『삼국사기』를 집필하게 된 계기는 무엇인가요?

김부식
나의 정치 인생 말년에 윤언이라는 자와 함께 묘청의 난을 진압한 적이 있지. 묘청의 난 이후 나는 윤언이와 정치적으로 대립하게 되었고, 나중에는 그를 관직에서 내쫓았다오. 몇 년 뒤 그가 관직에 복귀하는 모습을 보고

그가 내게 복수할 것이라 짐작했지. 그래서 그길로 정치에서 은퇴했다오. 인종께서는 은퇴한 나를 위로하고자 『삼국사기』 편찬을 명하셨소. 당시 여러 전쟁 때문에 많은 역사 자료가 불타서 사라졌으니 말이오. 나는 뛰어난 젊은 학자들과 함께 5년 동안 작업해 이 책을 완성했다오.

5년이나 걸린 작업이었군요. 『삼국사기』는 완성도가 높은 책으로 알고 있습니다. 대표적인 특징을 몇 가지 알려 주실 수 있을까요?

『삼국사기』는 총 50권으로 구성되었다오. 주로 고구려, 백제, 신라 세 나라의 정치, 경제, 외교, 전쟁, 인물에 관한 내용을 정리해 기록했지. 『삼국사기』를 쓸 때는 당시 중국에 있던 역사서를 많이 참고했소. 이를 통해 최대한 객관적으로 서술하고자 노력했소.

『삼국사기』가 중국 중심의 역사관을 담은 책이라는 비판도 있습니다. 이에 대해 어떻게 생각하시나요?

그런 비판도 있을 수 있다고 생각하오. 나는 금 사대에 찬성하는 쪽이었으니 『삼국사기』에도 그러한 역사관이 묻어나겠지. 비판하는 뜻은 이해하지만, 내 생각은 변함이 없소. 나라의 안정을 위해서라면 때로는 힘이 더 센 나라를 섬길 줄도 알아야 한다오.

여러 비판도 있지만, 『삼국사기』에는 최대한 객관적인 태도로 역사를 기록하고자 한 노력도 엿보입니다. 그 덕분에 『삼국사기』는 오늘날 중요한 역사 자료로 활용되고 있습니다. 지금까지 큰별 기자였습니다.

제 8 호   고려 전기

고려 시대에도 사교육이 인기였다?

고려 관학 교육의 실패는 명확한 철학과 비전 없음에서 비롯

"국가는 교육으로 미래 비전을 제시하고 추진해야"

고려 시대에도 교육에 대한 열기는 매우 뜨거웠습니다. 과거 시험에 합격해야만 사회적으로 인정받고 출세할 수 있었기 때문입니다. 이 때문에 자녀를 명문 교육 기관에 보내려는 부모들의 경쟁도 꽤나 치열했습니다.

이규보와 그의 아버지 이윤수는 이러한 교육 열풍을 잘 보여 주는 대표적인 인물입니다. 이규보는 고려 후기의 대표적인 문인으로서, 고구려 건국 이야기를 다룬 「동명왕편」의 지은이로 잘 알려져 있습니다. 그는 어릴 적부터 총명해 열네 살에 당시 최고의 사립 교육 기관인 9재 학당에 입학했습니다.

이윤수는 아들 이규보가 과거에 합격하기를 간절히 바랐습니다. 9재 학당에 보낸 것에 만족하지 않고 '족집게 과외'까지 시키며 온 힘을 다해 뒷바라지했죠. 하지만 이규보는 세 차례나 과거 시험에서 낙방했고, 네 번째 도전 끝에 마침내 *장원 급제했습니다. 이규보가 합격할 수 있었던 비결에는 여러 가지가 있었을 겁니다. 이규보도 열심히 공부했겠고, 아버지의 뒷바라지도 있었지요. 그리고 9재 학당의 힘도 무시할 수 없었을 겁니다. 사립 교육 기관인 9재 학당의 학생들이 과거 시험에 합격하는 비율이 꽤 높았으니까요.

장원 급제
과거에서 갑과에 첫째로 뽑힘.

큰별 칼럼

　사학들은 실제 과거 시험에 도움이 되는 과목을 중심으로 교육 과정을 운영하며, 뛰어난 선생님을 초빙해 학생들을 지도했습니다. 여름에는 절에 모여 여름 방학 특강을 진행했고, 시험에 합격한 선배들이 후배들에게 예상 문제를 주거나 답안 작성 요령을 알려 주는 문화도 있었습니다. 이런 '과거 시험 맞춤형' 교육 덕분에 **과거 시험 합격자에는 사학 출신이 많았고, 자연스럽게 사학의 인기도 더욱 높아졌습니다.**

　사학의 인기가 높아질수록 국가에서 운영하던 관학인 국자감은 점점 외면받았습니다. 쉽게 말하면 과거 시험 준비에 큰 도움이 되지 않았기

제 8 호 고려 전기

때문이죠. 그래서 점점 학생 수가 줄어들었고, 운영에 필요한 재정조차 제대로 확보되지 않았습니다.

그래서 고려 조정에서는 국자감을 다시 활성화하는 여러 가지 방법을 내놓습니다. 전문 강좌인 7재를 설치하고, 학교 운영에 필요한 재원을 마련하고자 '양현고'라는 장학 제도도 만들었죠. 이러한 정책을 시행하면서 관학은 활기를 되찾는 듯했어요. 하지만 정책의 실질적 효과가 부족했고 *외침, 전쟁 같은 사회적 환란이 이어지면서 관학은 다시 침체의 길로 접어들었습니다.

고려 시대 국자감을 중심으로 한 관학 교육의 실패는, 국가가 주도하는 교육이 명확한 철학과 비전 없이 외형만 따를 경우 결코 성공할 수 없다는 점을 잘 보여 주는 사례입니다. 국가는 교육으로 어떤 미래를 만들어 가고자 하는지 분명한 비전을 제시해야 하며, 그에 맞는 목표와 내용을 주도적으로 설계하고 추진할 책임이 있습니다. 또 교육의 질적 경쟁력을 확보하려면 과감하게 예산을 투자하는 등 실질적으로 지원해야 합니다.

지금 우리 사회 역시 *양질의 공교육이 절실히 요구되는 시점입니다. 현재 우리 공교육은 이러한 방향과 실천을 충분히 고민하고 있는지 다양하게 검토해야 할 것입니다.

외침
다른 나라나 외부의 침입.

양질
좋은 바탕이나 품질.

큰별쌤 최태성의 한국사신문   고려 후기

제9호 무신들이 정권을 잡다

◆ 무신 정변   ◆ 최씨 정권   ◆ 교정도감   ◆ 만적의 난

1. 무신 정변 발생, 계속된 차별에 무신 불만 폭발
2. 〈큰별 인터뷰〉 최씨 정권의 주역, 최충헌을 만나다
3. 노비 만적, "장상의 씨가 따로 있는가?"
4. 〈큰별 칼럼〉 만적이 펼친 신분 해방 운동의 의미

제9호　고려 후기

무신 정변 발생, 계속된 차별에 무신 불만 폭발

무신 *정변 발생… "터질 일이 터졌다"

1170년, 무신들이 정변을 일으켜 권력을 장악했다. 이의방, 정중부 등 일부 무신 세력이 주도해 궁궐에 침입한 뒤 문신들을 처단하고 고려 의종을 폐위시킨 것이다. 현재 의종은 유배된 것으로 확인되었다.

이번 무신 정변이 일어난 직접적인 계기는 지난달 보현원 행차 중 벌어진 사건 때문으로 분석된다. 당시 의종은 '수박희'라는 무예 시합을 열었다. 수박희는 두 사람이

큰별 기사

맨손으로 힘과 기술을 겨루는 놀이이다. 이 자리에서 나이가 지긋한 무신 이소응이 수박희에서 빠지려고 했다고 한다. 그러자 젊은 문신 한뢰가 "이런 약골이 무슨 무관이오?"라며 그의 뺨을 때린 것으로 전해진다. 그 자리에 있었던 한 무신은 "한뢰가 이소응의 뺨을 때리는 장면을 본 모든 무신이 굴욕을 겪었다. 무신이 왜 이런 수모를 겪어야 하는지 모르겠다."라며 분노했다.

과거에도 무신이 문신에게 굴욕을 당한 일이 있었다. 문신 김부식의 아들 김돈중이 무신 정중부의 수염을 촛불로 태워 모욕을 준 것이다. 이에 정중부가 항의했지만, 오히려 김부식에게 질책을 받은 것으로 알려졌다.

차별과 무시 속에 쌓여 온 무신들의 분노

고려는 오랜 기간 문신 우대 정책을 펼쳐 왔다. 우선 과거 시험만 보더라도 무신을 뽑는 시험이 거의 실시되지 않았다. 또 무신은 정3품까지만 오를 수 있고, 최고 관직인 재상직은 문신에게만 주어진다. 군대의 지휘권도 문신이 독차지하고 있다. 그뿐 아니라 하급 군인은 봉급을 제대로 받지 못한 채 필요할 때마다 각종 공사에 동원되고 있다. **이처럼 고려 사회에서 문신과 무신은 제도적으로 뚜렷한 차별을 받고 있었다.** 여기에 문신이 무신을 노골적으로 무시하는 사건까지 더해지면서 그동안 쌓인 분노가 한꺼번에 폭발한 것으로 보인다. 무신 정변에 참여한 한 무신은 "터질 일이 터졌다. 문신은 주요 관직을 독차지한 것도 모자라 무신을 차별해 왔다. 나도 참을 만큼 참아 왔다. 더는 무시당할 수 없다."라고 밝혔다.

한편, 정변을 일으킨 무신 세력은 의종의 동생 명종을 즉위시킨 후 정치 권력을 장악했다. 앞으로 무신의 회의 기구인 '중방'을 중심으로 나랏일이 처리될 예정이다. 무신이 이끌게 될 정권은 어떤 방향으로 나아갈지, 고려 사회는 지금 긴장 속에서 새로운 시대를 맞이하고 있다.

*__정변__ 혁명이나 쿠데타 등의 비합법적인 수단으로 생긴 정치상의 큰 변동.

| 제 9 호 | 고려 후기 |

최씨 정권의 주역, 최충헌을 만나다

정변을 일으킨 무신 세력에게는 사실 구체적인 계획이 있지는 않았습니다. 그래서 무신 정권 초기에는 치열한 권력 다툼으로 고려 조정이 매우 혼란스러웠습니다. 그러다 최충헌이 집권하면서 안정기로 접어들게 되지요. 오늘은 최충헌을 만나 이야기를 들어 보겠습니다.

큰별: 무신 정변 이후 고려는 극심한 혼란을 겪었습니다. 당시 상황을 설명해 주시겠습니까?

최충헌: 말 그대로 난장판이었소. 무신끼리 서로 권력을 잡겠다고 칼을 빼 드는 상황이었지. 정중부가 이의방을 제거하고 권력을 잡았지만, 곧 경대승에게 살해되었소. 경대승 또한 병으로 죽자 이의민이 권력을 차지했지. 이의민

은 천민 출신이었는데, 무신 정변에 참여해 벼슬을 얻더니 마침내 무신 정권 최고 권력자 자리에까지 오르게 되지. 이의민은 권력을 함부로 휘두르며 백성의 땅을 마구 빼앗는 등 *횡포를 부려 백성의 원성을 샀소. 그런 자를 최고 권력자 자리에 둘 수는 없었지. 그래서 그를 제거하고 내가 권력을 잡았다네.

집권 이후에 정국이 안정되었는데요, 특히 어떤 부분에 노력을 기울이셨습니까?

혼란을 바로잡는 데는 분명한 원칙과 체계가 필요했소. 그래서 명종께 '봉사 10조'를 올려 나쁜 관행을 고치고 무너진 질서를 바로잡고자 했지. 또 '교정도감'이라는 기구를 설치해 나라의 굵직굵직한 일들을 다루게 했소.

하지만 기구만 만든다고 나라가 안정되는 건 아니었소. 권력은 말이 아니라 힘으로 지키는 법이니. 그래서 나를 보호할 친위 조직인 도방을 만들어 충성도 높은 무관들로 구성해 위협에 대비했소.

아들에게 권력을 물려주셨지요? 아들 최우의 정치에 대해서는 어떻게 생각하십니까?

내 아들도 안정적인 국정 운영을 위해 애썼다고 생각하오. '정방'이라는 인사 기관을 설치해 관리를 등용했고, 국정 운영에 *자문을 얻고자 문인을 모아 서방도 운영했지. 내 아들은 무작정 문인을 배척하지는 않았소. 사병 조직인 야별초를 만들어 군사 기반도 강화했지. 이만하면 훌륭하지 않소?

최충헌이 백성을 위해 권력을 차지했다고는 하지만, 하층민의 반란은 끊이지 않았습니다. 새로운 세상을 만들 비전은 없이 자신의 권력을 유지하는 데만 집중했기 때문이 아닐까요? 지금까지 큰별 기자였습니다.

***횡포** 제멋대로 굴며 몹시 난폭함.
***자문** 어떤 일을 좀 더 효율적이고 바르게 처리하려고 그 방면의 전문가에게 의견을 물음.

제9호 고려 후기

노비 만적, "*장상의 씨가 따로 있는가?"

우리도 권력자가 될 수 있다!

노비 만적, 신분 해방 주장하며 반란 시도

개경 일대에서 노비들의 대규모 반란 시도가 발각되어 고려 사회에 큰 충격을 주고 있다. 이번 사건의 주도자는 만적으로 밝혀졌다. 그는 다른 노비들과 함께 신분 질서를 뒤엎고 새로운 세상을 만들 계획을 세운 것으로 알려졌다.

만적과 같은 동네에 사는 한 노비에 따르면, 만적은 평소 노비들이 고된 노동과 주인의 채찍질에 고통당하는 현실에 불만을 품었다고 한다. 그러던 중 무신 정변 이후 천민 출신 이의민이 최고 권력자가 되는 모습을 보고 반란을 결심한 것으로 알려졌다.

만적은 "벼슬아치나 장수가 귀한 가문에서만 나올 이유가 없다. 노비 출신도 얼마든지 권력자가 될 수 있다."라고 주장했다고 전해진다. 여기에 공감한 수많은 노비가 동참하면서 반란이 본격적으로 추진된 것으로 보인다.

이번 사건을 조사한 한 관리는 "만적이 수백 명에 이르는 노비와 접촉해 반란 시기와 구체적인 행동까지 이야기했다는 증거를 찾았다. 이들은 최충헌을 죽인 뒤 각자의 주인을 제거하고, 노비 문서를 불태우려 했다."라고 밝혔다.

내부 고발로 반란은 사전에 진압돼

그러나 만적의 계획에 함께했던 한 노비가 주인에게 이 사실을 고발하면서 반란 시도는 *수포로 돌아갔다. 관아에 이 사실이 알려지자 관군이 즉시 출동해 관련자 100명을 체포했다.

무신 정권이 수립된 이후 무신의 권력 다툼으로 정치가 혼란에 빠지고, 백성의 삶은 점점 더 어려워졌다. 여기에 이의민과 같은 천민 출신 집권자가 등장하면서 노비들 사이에 신분 상승에 대한 기대가 커졌을 것이다. 이러한 배경에서 만적이 반란을 계획하게 된 것으로 보인다.

고려 조정은 이번 사건이 다른 하층민에게 영향을 주지는 않을까 *노심초사하고 있다. 이에 만적의 난과 같은 일이 다시는 일어나지 않도록 관련자를 엄중하게 처벌하겠다고 밝혔다.

***장상** 장수와 재상을 아울러 이르는 말.
***수포** 노력이 헛되게 된 상태.
***노심초사** 몹시 마음을 쓰며 애를 태움.

제 9 호 | 고려 후기

만적이 펼친 신분 해방 운동의 의미

누가 영웅인가?

"시대가 정한 틀을 깨고 나온 자"

무신 정변 이후 우리가 중요하게 기억하는 사건이 있습니다. 바로 '만적의 난'입니다. 노비 만적은 이렇게 외쳤다고 합니다. "장상의 씨가 따로 있느냐?" 그는 다른 노비들과 함께 세상을 바꾸기 위해 반란을 계획했죠. 일종의 신분 해방 운동을 시도한 것입니다. 아쉽게도 다른 노비가 배신하면서 그의 시도는 실패로 돌아갔습니다. 그러나 이때 만적의 외침을 우리는 기억해야 할 필요가 있습니다.

지금 우리는 '모든 사람은 평등하다'는 말이 당연하게 느껴지는 시대에 살고 있습니다. 우리는 학교에서 누군가를 차별하는 건 옳지 않다고 배웁니다. 하지만 만적이 살던 시대는 달랐습니다. 당시에는 신분제가 있었습니다. 신분이 낮은 사람이 차별받는 것을 당연하게 여기던 세상이었습니다. 태어날 때부터 정해진 신분의 틀 안에서 살다 보니 신분제 사회에 의문을 품을 생각조차 하지 못했습니다.

사극에서는 노비의 이름이 '구덕이'나 '개똥이'인 경우를 볼 수 있습니다. 지금 시대에는 사람에게 절대 붙이지 않을 이름이지만, 그 시대에 노비는 그들의 주인에게 구더기나 개똥과 크게 다를 바가 없는 존재였던 셈이죠. 이런 이름을 받아도 노비들이 반발하지 않은 이유는 그들조차 스스로 당연하다고 생각했기 때문이에요. 그렇기에 '신분에 상관없이 누구라도 벼슬을 할 수 있다'고 주장한 만적의 행동을 '반란'으로 본 것이지요.

이런 시대였기에 만적의 외침은 매우 대단한 것입니다. **만적은 '당연한 것은 없다'고 주장하며 시대의 벽에 온몸으로 부딪쳐서 그 벽에 금을 냈습니다.** 신분제라는 당연한 틀을 깨고자 몸부림쳤고, 새로운 세상을 꿈꾸었지요. 그런 의미에서 만적은 '시대의 영웅'이 아닐까요? 안타깝게 그의 도전은 실패로 돌아갔지만, 그가 던진 질문은 역사에 길이 남았습니다. 만적의 난이 있고 수백 년 후 신분제는 결국 *폐지되었습니다. 그 시작점에 만적의 외침이 있었던 것이지요.

폐지되다
실시되던 제도나 법규, 일 등이 그만두어지거나 없어지다.

우리는 흔히 역사 속 인물을 평가할 때, 성공과 실패 여부에만 집중합니다. **그러나 영웅이 늘 승리자일 필요는 없습니다. 자신이 살아가는 시대와는 다른 시대를 볼 수 있는 눈을 가진 사람, 틀을 깨려는 용기를 지닌 사람, 새로운 질문을 던진 사람은 모두 영웅입니다.**

영웅이 보았던 다른 시대, 영웅이 깨려고 했던 틀, 영웅이 던진 새로운 질문이 쌓여 우리는 더 나은 시대로 가고 있다고 믿습니다. 성공이나 실패 여부와 상관없이 영웅의 이러한 도전과 시도를 앞으로도 계속 볼 수 있기를 바랍니다.

큰별쌤 최태성의 한국사신문 고려 후기

제 10 호 몽골의 침입에 저항하다

◆ 강화도 천도 ◆ 김윤후, 처인성·충주성 전투 ◆ 팔만대장경 ◆ 개경 환도 ◆ 삼별초

1. 〈큰별 인터뷰〉 손변에게 듣는 고려의 재산 상속 문화
2. 고려, 강화 천도 단행
3. 〈큰별 인터뷰〉 김윤후에게 듣는 처인성·충주성 전투 승리 비결
4. 〈큰별 광고〉『팔만대장경』 완성 기념 법회 개최
5. 삼별초, 제주에서 고려·몽골 연합군에 패배
6. 〈큰별 칼럼〉 원종의 선택은 옳았다

제10호　고려 후기

손변에게 듣는 고려의 재산 상속 문화

고려 고종 때 재산 상속과 관련된 재판이 있었습니다. 아버지의 유서 내용이 부당하다며 남동생이 누이를 상대로 소송을 걸었던 사건입니다. 과연 무슨 일이었을까요? 오늘은 당시 사건의 판결을 맡았던 손변 부사님을 만나 이야기를 들어 보겠습니다.

큰별　**손변 부사님, 어떤 사건이었는지 직접 설명해 주시겠습니까?**

손변　네, 지금도 생생히 기억납니다. 한 아버지가 세상을 떠났는데, 그에게는 자녀가 있었습니다. 아버지는 큰딸에게는 모든 재산을 남기고, 작은아들에게는 검은 옷, 갓, 미투리, 종이만을 물려주었습니다.

104

큰별 인터뷰

시간이 흘러 다 자란 아들이 아버지의 유언이 불공평하다며 누이에게 재산을 나누어 달라고 했습니다. 그리고 누이는 아버지의 유언을 어길 수 없다며 맞섰습니다. 이 분쟁은 몇 년간 계속되었습니다.

당시 고려에서는 자녀에게 재산을 똑같이 나누어 주었다고 들었는데요, 어떻게 사건의 실마리를 찾으셨나요?

맞습니다. 고려는 호적에 성별이 아닌 출생 순서대로 이름을 올렸고, 아들과 딸 상관없이 모든 자녀에게 재산을 고르게 나누어 주었지요. 그런데 딸에게만 거의 모든 재산을 물려줬다니, 그 집안에 분명 사연이 있을 것 같았습니다. 그래서 남매를 불러 아버지가 세상을 떠날 당시 어머니가 살아 계셨는지와 두 사람의 나이를 물어봤습니다.

답변 내용을 듣고 판결에 도움을 얻으셨나요?

네, 당시 어머니는 먼저 세상을 떠났고, 딸은 이미 성인이 되어 결혼한 상태더군요. 아들은 아직 어린아이였고요. 그때 아버지의 유언에는 깊은 뜻이 있다는 걸 알았습니다. 그래서 이렇게 판결했지요.

"너희 아버지께서는 어린 아들이 의지할 사람은 누이밖에 없다는 걸 아셨다. 만약 재산을 아들과 딸에게 똑같이 나누면, 누이가 어린 동생을 소홀히 하지는 않을까 걱정하신 것이다. 아들이 자라서 재산 상속에 대한 억울함이 생기면 아버지께서 남겨 주신 이 종이에 *소장을 작성한 다음, 검은 옷을 입고, 갓을 쓰고, 미투리를 신고, 관아에 가서 소송을 하면 이를 잘 해결해 줄 것이라 생각하신 것이다."

고려 시대에는 아들, 딸 차별 없이 모든 자녀에게 고르게 재산을 물려주는 것이 일반적이었군요. 고려의 재산 상속 제도를 알 수 있었던 사건이었습니다. 지금까지 큰별 기자였습니다.

***소장** 소송을 제기하기 위하여 제일심 법원에 제출하는 서류.

제10호 고려 후기

고려, 강화 천도 단행

몽골 침략에 대비해 강화도로 천도 결정

1232년, 고려 조정에서는 수도를 개경에서 강화도로 옮기기로 했다. 무신 정권의 최고 권력자 최우는 "우리 고려는 몽골의 침입에 맞서 끝까지 싸울 것이다. 육지에 있는 백성은 산성과 섬으로 들어가 싸울 준비를 하라!"라고 명했다. 강화도는 개경과 가까우면서도 물살이 빠르고 밀물과 썰물의 차이가 크다. **기병 위주인 몽골군이 쉽게 접근하기 어렵다는 이유로 강화도가 새 수도로 결정되었다고 알려졌다.**

큰별 기사

몽골과 고려의 갈등은 몽골이 건국된 이후부터 계속 이어지고 있다. 13세기 초, 징기스 칸은 몽골을 건국하고 대대적인 영토 정복 활동을 펼쳤다. 오래 전 몽골과 고려는 거란의 침입을 막으려고 일시적으로 협력 관계를 맺었었다. 그러나 몽골은 이를 빌미로 공물을 과도하게 요구하는 등 고려를 압박하면서 관계가 틀어졌다.

이런 상황에서 1225년, 몽골 사신 저고여가 고려 압록강 근처에서 피살되는 사건이 벌어졌다. 몽골은 이를 빌미로 1231년에 고려를 침략했으나 고려군의 강한 저항에 부딪혀 고려와 화해하고 군대를 철수했다. 하지만 국방 전문가 사이에서는 몽골이 언제든지 고려를 다시 침략할 거라는 전망이 지배적이다.

강화도 천도 소식에 백성 좌절

한편, 강화도 천도 소식이 전해지자 백성은 큰 충격에 빠졌다. 몽골의 1차 침입 이후 "몽골군이 지나간 자리에는 아무것도 남지 않는다."라는 말이 퍼지면서 백성은 극심한 불안에 시달려 왔다. 그러던 차에 수도를 옮기자, 많은 이가 왕이 백성을 버리고 강화도로 피신한 것 아니냐며 깊은 좌절감을 드러냈다.

몽골의 1차 침입 때 피해를 입은 한 주민은 "몽골군이 다시 쳐들어온다는 소문이 돌고 있다. 왕족과 지배층은 강화도로 가서 안전할지 모르겠지만, 본토에 남은 백성은 몽골군의 말발굽에 짓밟히게 될 것"이라며 두려움을 내비쳤다. 과연 강화도로 천도하는 것이 몽골의 재침략에 대비한 효과적인 대책일지 귀추가 주목된다.

★큰별 단신

몽골, 고려 2차 침입해

몽골군이 고려를 7개월 만에 다시 침입했다. 고려가 강화도로 천도하며 몽골군에 대항할 의지를 보이자, 고려의 기세를 무력으로 꺾으려는 행동으로 보인다. 전쟁이 본격적으로 시작되면서 몽골에 고려가 어떻게 항쟁해 나갈지 관심이 집중되고 있다.

제 10 호   고려 후기

김윤후에게 듣는 처인성·충주성 전투 승리 비결

몽골은 약 40년에 걸쳐 여러 차례 고려를 침략했습니다. 고려 조정이 강화도로 옮겨 간 사이 육지에 남은 백성들은 직접 몽골군에 맞서 싸워야 했습니다. 오늘은 처인성과 충주성 전투에서 백성을 이끌고 몽골군에 저항한 김윤후 장군을 만나 보겠습니다.

큰별

장군님께서는 처인성 전투에서 몽골 장수 살리타를 물리치셨다고 들었습니다. 당시 승려 신분이었다고 알려졌는데 사실입니까?

김윤후

네, 맞습니다. 당시 저는 승려였습니다. 몽골이 침입했다는 소식을 듣고 곧바로 처인성으로 들어갔습니다. 저는 그곳에서 처인부곡에 살고 있는 백성과 힘을 합쳐 싸웠습니다. 그 전투에서 몽골군을 이끌던 장수 살리타가

화살에 맞아 전사하면서 몽골군이 물러났지요. 이 전투에서 승리한 공으로 처인부곡 지역은 일반 군현인 '처인성'으로 승격되었습니다.

대단하십니다. 이후 충주성 전투에 참여하신 계기는 무엇인가요?

처인성 전투 이후에 저는 '충주성 방호별감'이라는 관직을 받았습니다. 충주성을 지키는 임무를 맡은 것이지요. 몽골군이 침입해 충주성을 포위했지만, 저와 백성들은 70일이 넘도록 끈질기게 싸웠습니다. 오랜 전투로 병사들의 사기가 떨어지기 시작했죠. 저는 힘껏 싸우는 이에게는 신분을 가리지 않고 관직을 주겠다고 약속했습니다. 그리고 모두가 보는 앞에서 노비 문서를 태워 버렸죠.

노비 문서를 태우다니, 정말 파격적인 조치입니다. 병사들의 사기가 크게 높아졌겠는데요?

물론입니다. 전쟁터에서 목숨을 걸고 싸우는 상황에서는 신분의 높고 낮음이 무의미하다고 생각했습니다. 또 전투에서 얻은 말과 소도 병사들에게 나누어 주었지요. 그 덕분에 병사들의 사기가 다시 높아졌습니다. 모두 힘을 다해 싸웠고, 몽골군은 결국 충주성 공격을 포기하고 물러났습니다. 만약 이때 몽골군이 승리했다면 몽골군은 남쪽까지 진출했을지도 모릅니다. 그래서 이를 막아 낸 것은 큰 의미가 있습니다. 그리고 충주성 전투에서 공을 세운 자들이 노비부터 농민에 이르기까지 모두 벼슬을 받은 것도 큰 성과입니다.

처인성·충주성 전투의 승리는 나라를 지키려는 백성의 마음과 김윤후의 리더십 덕분에 가능했던 것 같습니다. 지금까지 큰별 기자였습니다.

큰별 광고

『팔만대장경』 완성 기념 법회 개최

8만 장이 넘는 나무판에 16년 동안 정성을 담아

한 자 한 자 새긴 『팔만대장경』, 마침내 완성되었습니다!

『팔만대장경』 완성을 기념하는 뜻깊은 법회에

여러분을 초대합니다.

- **일시** 1251년 9월 ○○일
- **장소** 강화도성 서문 밖 대장경판당
- **대상** 『팔만대장경』 완성을 축하하고 싶은 고려 백성 누구나

1 제작 의도

몽골의 2차 침입 때 불타 없어진
『초조대장경』을 대신해 부처님의 힘으로
몽골을 물리치겠다는 바람을 담아 만들었어요.

2 명칭

목판의 개수가 8만 장이 넘고,
8만 4천 법문을 담았다고 하여
『팔만대장경』이라고 부릅니다.

3 제작 방법

① 바닷물에 3년 동안 담가 뒀던 나무를 준비합니다.
② 이 나무를 자르고 다듬은 뒤 한 글자씩 정성스럽게 불경을 씁니다. 불경을 쓸 때는 마음가짐을 반듯하게 하고자 세 번 절한 뒤 한 글자씩 새겨 넣습니다.
③ 마지막으로 목판이 뒤틀리지 않도록 네 모서리에 구리판을 덧대어 완성합니다.

대장경판
(경상남도 합천군 해인사)

불심과 정성이 가득 담긴 『팔만대장경』! 완성 기념 법회에 오셔서 축하해 주세요!

제 10 호   고려 후기

삼별초, 제주에서 고려·몽골 연합군에 패배

삼별초, 제주 항파두리에서 최후 맞아

1273년, 몽골에 끝까지 저항하던 삼별초가 제주 항파두리에서 최후를 맞았다. 이로써 몽골과 강화하는 데에 끝까지 반대하던 삼별초의 저항은 3년 만에 막을 내리게 되었다.

몽골은 1231년에 고려를 침략한 이후 30여 년간 끊임없이 침입을 이어 왔다. 계속된 전쟁으로 고려의 국토는 *황폐해졌고, 백성의 고통은 날로 심해졌다.

큰별 기사

고려가 끈질기게 저항하자 몽골은 마침내 강화를 제안했다. 고려에서는 이를 받아들이자는 여론이 높았지만, 당시 고려를 이끌던 최씨 정권은 몽골에 계속 저항하기를 바랐다. 이에 일부 무신들이 최씨 정권을 무너뜨리고 몽골과의 강화를 추진한 것으로 알려졌다.

당시 태자였던 원종은 고려의 독립성과 고유한 풍속을 유지하는 조건으로 몽골과 강화를 맺었다. 그러나 몽골은 고려의 *내정에 간섭하고, 수도를 다시 개경으로 옮길 것을 요구했다. 이에 무신 정권은 몽골에 다시 저항하려 했지만 내부 갈등으로 무산됐고, 고려의 수도는 개경으로 돌아가게 되었다. 그러자 무신 정권의 군사적 기반이던 삼별초가 몽골과의 강화와 개경 *환도에 반대하며 저항하기 시작했다.

삼별초, 3년 동안 저항 이어 가

삼별초는 원래 무신 정권의 사병 집단에서 출발한 특수 부대로 알려졌다. 최우는 치안 유지를 위해 경찰 업무를 담당하는 야별초를 조직했고, 그 수가 많아지자 좌별초와 우별초로 나누었다. 여기에 몽골에 끌려갔다가 고려로 돌아온 병사들로 구성된 신의군이 합쳐지면서 삼별초가 되었다. **삼별초는 몽골과 전쟁하는 과정에서 활약했으나, 고려가 몽골과 강화하기로 하자 이를 거부하며 독자적으로 저항했다.**

배중손이 이끄는 삼별초는 강화도에서 저항을 시작해 근거지를 진도로 옮겨 항쟁을 이어갔다. 진도가 함락된 뒤에는 제주도로 옮겨 저항을 이어 갔고, 결국 제주 항파두리에서 고려·몽골 연합군에게 진압되고 말았다. 이로써 삼별초의 저항은 완전히 끝나게 되었다.

한편, 고려는 몽골과 강화함으로써 나라의 독립성은 지키게 되었으나, 몽골(원)의 간섭을 피할 수는 없게 되었다. 앞으로 원의 간섭이 고려에 어떤 변화를 불러올지 주목된다.

*황폐해지다 거칠어져 못 쓰게 되다.
*내정 국내의 정치.
*환도 전쟁 등으로 정부가 한때 수도를 버리고 다른 곳으로 옮겼다가 다시 옛 수도로 돌아옴.

제 10 호 | 고려 후기

원종의 선택은 옳았다

원종의 뛰어난 외교력

"강대국으로부터 우리나라의 문화와 정체성 지켜"

13세기는 몽골의 전성기였습니다. 당시 몽골은 유라시아 대륙 전역을 지배하며 세계에서 가장 강력한 제국으로 떠올랐거든요. 고려는 무려 30년 가까이 강대국 몽골의 침입에 맞서 싸웠습니다. 그동안 고려의 국토는 황폐해지고 백성의 삶은 극도로 *피폐해졌습니다. 고려는 점점 더는 전쟁을 지속하기 어려운 상황이 되어 갔지요.

고려의 이러한 내부 상황을 눈치챈 몽골은 고려에 강화를 제안했습니다. 싸우지 말고 평화롭게 지내자는 제안이었지요. 몽골은 강화하는 조건으로, 고려의 왕이 직접 몽골의 *칸을 만날 것과 수도를 다시 개경으로 옮길 것을 요구했습니다. 당시 고려의 왕이었던 고종은 나이가 많았기 때문에, 고종 대신 당시 태자였던 원종이 몽골로 향했습니다.

그런데 원종이 몽골로 가던 중에 당시 몽골의 칸이었던 몽케가 갑작스럽게 사망하는 사건이 발생합니다. 그러자 몽골 내부에서는 2인자였던 쿠빌라이와 아리크부카가 다음 칸의 자리를 놓고 치열하게 다투었습니다. 원종은 둘 중에서 어느 편에 서야 할지 고민에 빠지게 되었지요. 고려로 돌아오려던 원종은 우연히 쿠빌라이를 만나게 됩니다. 그리고 이 만남은 고려의 운명을 바꾸는 중대한 전환점이 되었습니다.

피폐하다
지치고 쇠약해지다.

칸
몽골의 군주를 이르는 호칭.

큰별 칼럼

당시 칸의 자리를 놓고 경쟁 중이던 쿠빌라이는, 아직 몽골이 정복하지 않은 고려의 태자가 자신을 먼저 찾아온 사실에 큰 의미를 부여했어요. 그는 "고려 태자가 나를 찾아온 것은 하늘의 뜻"이라며 원종에게 깊은 신뢰를 보였습니다.

원종은 이 기회를 놓치지 않습니다. 쿠빌라이에게 고려와 강화하는 조건 여섯 가지를 당당히 제시했지요.

① 고려의 *복식과 풍습을 그대로 유지할 것
② 수도 개경으로 환도하는 시기를 강요하지 말 것
③ 고려에 있는 몽골군을 철수시킬 것
④ 파견된 몽골 관리(다루가치)를 철수시킬 것
⑤ 몽골에서 파견된 사신 외에는 접수하지 않을 것
⑥ 전쟁 중 몽골에 항복한 고려인을 본국으로 *송환할 것

복식
의복과 음식물을 아울러 이르는 말.

송환
포로나 불법으로 입국한 사람을 본국으로 도로 돌려보냄.

제 10 호 고려 후기

쿠빌라이는 이 조건을 대부분 수용했습니다. 그리고 훗날 그가 원 황제로 즉위한 이후에도 고려의 왕실과 풍습과 제도를 인정해 주었습니다. 나아가 고려는 원 황실과 혼인 관계를 맺으며 '사위국'이라는 특별한 지위까지 부여받게 됩니다. 이는 몽골이 지배한 수많은 나라 가운데 매우 드문 일이었습니다.

원종의 외교는 나라를 지켜 낸 지혜로운 선택이었습니다. **그는 상대가 강대국임에도 당당히 요구 조건을 내세웠고, 그 결과 고려는 전쟁의 상처 속에서도 고유한 문화와 정체성을 지킬 수 있었습니다.** 원종의 뛰어난 외교력이 빛나는 순간이었지요. 그 덕분에 고려는 끝까지 '고려'라는 이름과 *정통성을 유지할 수 있었습니다.

위기에도 현실을 냉철하게 바라보고, 나라의 이익과 정체성을 지키려고 용기 있게 협상한 원종의 태도는 고려가 살아남을 수 있었던 비결입니다. 원종이 보여 준 모습은 우리가 위기 앞에서 어떻게 판단하고 행동해야 하는지 일깨워 줍니다.

> **정통성**
> 통치를 받는 사람에게 권력 지배를 승인하고 허용하게 하는 논리적·심리적 근거.

큰별쌤 최태성의 한국사신문　　　　　　　　　　　　고려 후기

제 11 호
사상이 발전하고 새 역사서가 편찬되다

◆ 지눌, 수선사 결사　◆ 이규보, 「동명왕편」　◆ 일연, 『삼국유사』　◆ 이승휴, 『제왕운기』　◆ 풍수지리설

1. 지눌, 불교 개혁 운동 펼쳐
2. 불교 개혁과 통합 운동 이끈 지눌을 만나다
3. 민족의 뿌리를 되살리는 서적 출간 잇따라
4. 〈큰별 광고〉 풍수지리반 수강생 모집
5. 〈큰별 칼럼〉 우리는 힘들 때 단군을 찾는다

| 제 11 호 | 고려 후기 |

지눌, 불교 개혁 운동 펼쳐

지눌, 불교의 *세속화 비판

고려 불교계에 변화의 조짐이 나타나고 있다. **승려 지눌이 불교의 세속화를 비판하며 본격적인 개혁 운동에 나선 것이다.** 고려의 불교는 오랜 세월 왕실과 지배층의 후원을 받으며 번성해 왔다. 왕족과 귀족의 자제들이 승려가 되어 사찰 운영에 참여하거나, 막대한 토지와 재산을 사원에 기부하는 일도 흔했다. 그러나 시간이 지나면서 불교는 점차 본래의 수행 정신을 잃고 세속화되기 시작했다.

많은 절에서 땅과 재산을 모으는 데 집중했고, 일부 승려는 참된 *수행보다는 돈과 권력을 추구하는 일에 몰두했다. 사찰에서는 백성에게 높은 이자를 받고 토지를 빌려주기도 하고 옷감, 술, 소금, 기름 등을 판매하며 경제적 이익을 쌓기도 했다.

이와 함께 불교 내부에서는 '교종'과 '선종' 간의 갈등이 점차 깊어졌다. 고려 초기에는 *참선과 수행을 중시하는 '선종'이 우세했지만, 점차 국가와 문벌의 지원을 받으며 경전 공부와 교리를 중시하는 '교종'이 세력을 확장했다.

*종파 간 갈등이 격화되자, 승려 의천은 이를 하나로 합칠 목적으로 교단 통합 운동을 벌였다. 그러나 의천이 세상을 떠난 후 다시 교단은 분열되었고, 불교의 세속화는 오히려 더 심각해졌다.

지눌, 선종과 교종의 조화로운 발전 추구

이 같은 흐름에서 지눌은 수선사를 중심으로 불교 개혁 운동에 나섰다. 그는 "절은 수행하는 곳이지, 돈과 권력을 쌓는 곳이 아니다."라고 외치며, 사치와 형식에 치우친 당시 불교계의 모습을 강하게 비판했다.

지눌은 승려들이 본래의 자세와 마음가짐으로 돌아가야 한다고 강조하면서, 실천을 중심으로 한 개혁을 주장했다. 그의 뜻에 공감한 많은 승려가 수선사 결사 운동에 동참하고 있다. 이들은 스스로 생활 규칙을 정하고 검소한 삶을 실천하며 수행에 전념하고 있다. 한때 명예와 이익을 좇던 승려들마저 반성하며 변화의 움직임을 보이고 있다.

지눌은 선종의 수행을 중심에 두되, 교종의 가르침도 함께 수용하자고 주장한다. 이는 종파 간 조화를 이루고 불교의 본래 정신을 회복하자는 취지이다. 그는 선종과 교종의 조화로운 발전이야말로 불교가 나아가야 할 길이라고 강조한다. 지눌의 개혁 운동이 앞으로 불교계에 어떤 변화를 불러올지 이목이 집중되고 있다.

---

*세속화 세상의 일반적인 풍속을 따름.
*수행 부처의 가르침을 실천하고 불도를 닦는데 힘씀.
*참선 선사에게 나아가 선도를 배워 닦거나, 스스로 선법을 닦아 구함.
*종파 같은 종교의 갈린 갈래.

| 제 11 호 | 고려 후기 |

불교 개혁과 통합 운동 이끈 지눌을 만나다

고려에서는 오랫동안 불교의 두 종파인 교종과 선종이 대립해 왔습니다. 교종은 교리를 공부하는 것을 중요시했고, 선종은 참선과 수행으로 깨달음을 얻는 것을 강조했죠. 오늘은 두 종파를 통합하고 불교 개혁 운동을 펼친 지눌을 만나 보겠습니다.

큰 별

스님께서는 '수선사 결사'를 조직해 불교 본연의 모습으로 돌아가자고 주장하셨습니다. '수선사 결사'는 무엇인가요?

지눌

제가 머물던 절이 '수선사'입니다. '결사'란, 뜻을 함께하는 사람들이 모여 함께 수행하고 정진하는 모임이지요. 그때 당시 불교계는 권력과 사치에 물들어 부처님의 본뜻을 잃고 있었습니다. 그래서 저는 승려들이 다시 수행에 집중하고 본래의 자세로 돌아가야 한다고 생각했고, 이를 실천하는 방안으로 수선사 결사를 이끌었지요.

그렇군요. 스님께서는 수행하는 방법으로 '정혜쌍수'와 '돈오점수'를 강조하셨습니다. 뜻을 쉽게 설명해 주실 수 있나요?

허허, 물론입니다. '정혜쌍수'는 '정(定)'과 '혜(慧)', 즉 참선과 경전 공부를 함께 해야 한다는 뜻입니다. 그리고 '돈오점수'에서 '돈오(頓悟)'는 문득 깨닫는 것, '점수(漸修)'는 그 깨달음을 이어 가려고 꾸준히 실천하는 것입니다. 사람들은 종종 깨달음만 얻으면 끝이라고 생각하지만, 사실 그 이후가 중요합니다. 깨닫고 나서도 우리는 끊임없이 스스로를 갈고닦아야 합니다.

당시 교종과 선종은 서로를 비판하며 나뉘어 있었지만, 저는 수행에는 두 가지가 모두 필요하다고 생각했습니다. 참선으로 마음을 다스리고, 경전 공부로 부처님의 뜻을 깨쳐야 비로소 온전한 깨달음에 이를 수 있으니까요.

의천 스님도 불교 교단의 통합을 이루려고 애쓰셨잖아요. 두 분의 통합 방식에 차이가 있다면 무엇일까요?

의천 스님도 저와 마찬가지로 불교 종파 간의 대립을 없애고 통합하려고 노력하셨습니다. 차이가 있다면, 의천 스님께서는 교종을 중심에 두고 선종을 포용하려 하셨고, 저는 선종을 중심으로 교종을 아우르고자 했다는 점입니다. 결국 불교의 본뜻을 되살리고자 한 마음은 같다고 생각합니다. 다만 접근 방식에서 약간의 차이가 있었을 뿐이지요.

'깨달음을 얻은 뒤에도 끊임없이 자신을 갈고닦아야 한다'는 말씀, 기억하겠습니다. 지금까지 큰별 기자였습니다.

제 11 호 고려 후기

민족의 뿌리를 되살리는 서적 출간 잇따라

새 역사서 잇따라 출간

몽골과의 전쟁이 오래도록 이어지며 민심이 어지러운 가운데, **우리 민족의 뿌리와 민족의식을 강조하는 역사서가 잇따라 나와 관심을 끌고 있다.**

사실 이러한 움직임은 이전에도 있었다. 무신 정권 시기에 문신 이규보는 「동명왕편」에서 고구려 시조인 주몽의 건국 이야기를 시 형식으로 풀어냈다. 이규보는 "고구려의 후예임을 자부하는 고려는 뿌리를 잊지 말아야 한다."라며 집필 동기를 밝힌 바 있다. 이규보의 작품은 단순한 영웅 서사시가 아니다. 우리 민족의 진취적이고 자주적인 기상을 되살리는 데 깊은 의미를 두고 완성되었다.

우리 민족의 고유한 역사와 정신 강조해

최근 고려는 오랜 기간 몽골의 침략을 겪었고, 전쟁이 끝난 뒤에는 원의 간섭을 받고 있다. 고려의 정체성과 자부심이 흔들리는 상황에서, 우리 민족의 자주 의식을 담은 역사서들이 다시 등장하게 된 것이다.

일연은 기존의 왕조 중심 관점과는 다른 관점에서 쓴 역사 이야기와 민간 설화, 불교 이야기까지 폭넓게 수록한 『삼국유사』를 편찬했다. 특히 단군의 고조선 건국 이야기를 담아, 우리 역사의 시작이 고조선임을 강조했다.

또 이승휴는 중국 역대 왕조사와 함께 우리나라의 역사를 시로 읊은 『제왕운기』를 펴냈다. 그는 단군이 세운 고조선을 민족 최초의 국가로 서술하며 *자긍심을 불러일으켰다.

한 역사학자는 최근의 역사서 출간 경향과 관련한 인터뷰에서 "우리의 고유한 역사와 정신을 강조하는 역사서들은 외세의 침략과 간섭 속에도 우리의 정체성을 지키는 데 중요한 역할을 할 것이다."라고 밝혔다.

***자긍심** 스스로 떳떳하고 자랑스럽게 여기는 마음.

큰별 광고

지금까지 이런 강의는 없었다!
풍수지리반 수강생 모집
대운 선생의 명품 강의가 돌아왔다

산, 하천, 땅이 이루는 모양새와 기운이 인간의 생활에 영향을 미친다!

풍수지리를 공부하면 인생이 바뀌고 자손의 미래가 바뀐다!

1 강좌 내용

1. 풍수지리의 기본 원리: 산과 물의 흐름 읽기
2. 명당 찾기 비법: 집터, 묏자리 선정법
3. 수도 개경 건설에 담긴 풍수 이야기
4. 실전 답사 수업: 명산과 명당 직접 탐방

2 강습 장소

대운서당

3 강사 소개

고위 관료 출신 풍수 대가 '대운' 선생
- 왕실 도시 계획 자문 경험 다수
- 실제 사례 중심, 알기 쉬운 강의의 대가

4 수강료

쌀 3석 또는 은 10냥

★봄 강좌 특별 이벤트★
모든 수강생에게
명당 지도 한 장씩 무료 증정

제 11 호   고려 후기

우리는 힘들 때 단군을 찾는다

단군은 단순한 신화 속 인물 이상

"우리 민족의 뿌리이자 희망"

여러분은 힘든 일이 생겼을 때 누군가에게 의지하고 싶었던 적이 있나요? 부모님, 선생님, 친구처럼 여러분이 믿고 마음을 털어놓을 수 있는 사람이 주변에 있을 거예요. 사람은 혼자 해결하기 어려운 일이 생기면 자연스레 의지할 대상을 찾게 마련입니다. 그 사람이 당장 문제를 해결해 주지 않더라도, 믿고 기대어 이야기할 수 있는 존재가 곁에 있다는 사실만으로도 큰 힘이 되곤 하죠.

우리 민족도 마찬가지였습니다. 나라가 큰 위기를 맞이할 때마다 우리 민족이 믿고 의지해 온 존재가 있었어요. 바로 *고조선을 세운 단군입니다. 여기에서 여러분은 이런 질문을 할 수 있을 겁니다. 과연 역사 속 인물에게 의지할 수 있냐고 말이죠.

고려 중기, 김부식이 편찬한 『삼국사기』에는 고조선과 단군왕검이 등장하지 않습니다. 김부식은 유교적 역사관에 따라 눈에 보이는 사실을 중심으로 역사를 기록하려 했거든요. 환웅이 하늘에서 내려왔다는 이야기나, 곰이 사람이 되어 단군을 낳았다는 전설은 비현실적이라고 여겨 기록하지 않은 것이지요.

그러나 고려 말기에 나온 역사서는 달랐습니다. 일연이 쓴 『삼국유사』

고조선
기원전 2333년에 단군왕검이 세운 우리나라 최초의 국가.

큰별 칼럼

와 이승휴가 쓴『제왕운기』는 모두 우리 민족의 역사를 단군의 고조선 건국에서 시작합니다. 그렇다면 왜 단군 이야기가 등장했을까요?

그 배경에는 몽골의 침입과 *원의 간섭이라는 국가적 위기가 있습니다. 오랜 전쟁과 원의 간섭은 고려 백성에게서 자긍심과 희망을 앗아 갔습니다. 이럴 때 필요한 것은 위기를 극복할 수 있다는 믿음과 민족적 자부심입니다. 그래서 단군 이야기를 책에 실어 우리 민족의 자주 의식을 되살리고, 잃어버린 민족적 자긍심을 회복하고자 했던 것이지요.

단군의 고조선 건국 이야기는 **우리 민족이 하늘의 자손이며, 수천 년 역사를 지녔다**는 메시지를 담고 있습니다. **우리 민족의 정체성과 자주성, 자긍심을 회복하는 데에 가장 적절한 이야기라고 할 수 있지요.**

원
몽골 족이 중국을 정복하고 세운 나라.

제 11 호 고려 후기

성리학
중국 송·명대의 유학의 하나로, 인간의 본성과 우주의 이치를 탐구하는 학문.

고려 시대가 지나고 조선이 들어서자, 단군의 고조선 건국 이야기는 역사에서 슬그머니 자취를 감추게 됩니다. *성리학을 바탕으로 중국 중심의 역사관이 퍼졌기 때문입니다.

그러다 일제 강점기에 일본에 나라를 빼앗기고 온갖 탄압에 시달리면서 우리 민족은 다시 단군을 떠올렸습니다. 이때 단군을 신앙의 대상으로 모신 '대종교'가 등장하게 되었죠. 많은 독립운동가가 대종교를 믿으며 '우리는 역사가 깊은 민족이며, 다시 일어설 수 있다'는 희망을 품었습니다.

단군의 고조선 건국 이야기는 단순한 옛날이야기가 아닙니다. 위기 때마다 우리 민족이 다시 일어설 수 있도록 용기와 자긍심을 심어 주고 정신적 뿌리가 되어 주었지요. 또 민족을 하나로 묶어 주는 상징으로써 역할을 해 왔습니다. 단군의 고조선 건국 이야기는 '우리는 하늘의 자손이며, 오랜 역사를 이어 온 자주적인 민족'이라는 자부심을 지금까지도 우리에게 전해 주고 있습니다.

여러분도 살면서 어려움을 겪는 날이 올 수 있습니다. 하지만 너무 두려워하지 마세요. 우리 민족은 수천 년 역사를 이어 오며 수많은 위기를 이겨 낸 위대한 민족입니다. 단군의 후예인 우리는, 언제라도 어려움을 딛고 다시 일어날 힘을 지니고 있습니다. 우리 조상들이 이를 증명했듯이 말이지요.

큰별쌤 최태성의 한국사신문   고려 후기

제12호
공민왕, 원에 맞서 개혁 정치를 펼치다

◆ 원, 정동행성 설치 ◆ 권문세족 ◆ 전민변정도감 ◆ 쌍성총관부 수복 ◆ 몽골풍 금지 ◆ 홍건적·왜구 침입

1. 원의 고려 내정 간섭 날로 심해져
2. 〈큰별 인터뷰〉 권문세족의 대표 주자 기철을 만나다
3. 요즘 고려 최신 트렌드는? 몽골풍!
4. 공민왕, 내정 개혁에 본격 착수하다
5. 공민왕 부부, 홍건적 피해 피란길 올라
6. 〈큰별 칼럼〉 과연 공민왕은 개혁에 실패했나?

제 12 호　고려 후기

원의 고려 내정 간섭
날로 심해져

정동행성, 일본 정벌 실패에도 여전히 남아 고려 내정 간섭

원이 고려에 설치한 정동행성이 최근 단순한 군사 기구를 넘어 고려의 정치와 행정까지 통제하는 기관으로 변하고 있다. 정동행성을 통한 원의 내정 간섭이 심해지자, 고려 조정 안팎에서는 자주권 침해를 우려하는 목소리가 높아지고 있다.

정동행성은 원래 고려군을 일본 원정에 동원하려고 원이 설치한 임시 기구이다. 그러나 일본 원정이 실패로 돌아간 뒤에도 원이 정동행성을 철수하지 않고 있다.

정동행성에서 근무하는 한 고려 관리는 "원은 정동행성을 철수할 계획이 전혀 없어 보인다. 오히려 정동행성으로 고려의 정치 전반을 간섭하려 한다."라며 답답한 심정을 토로했다.

고려는 '부마국', 고려 백성은 특산물 조공까지

원은 고려의 일부 영토를 아예 원의 통치 아래 두기도 했다. 함경도 화주에는 쌍성총관부, 평안도 서경에는 동녕부, 제주도에는 탐라총관부를 설치하고 직접 다스리는 지역으로 삼았다.

또 고려 왕실은 원의 황실과 혼인을 맺으며 '부마국', 즉 황제의 사위 나라로 불리게 되었다. 고려 국왕은 왕이면서도 원 황제의 신하가 되었고, 고려의 왕자들은 어릴 때부터 원에서 교육받아야만 한다. 왕실의 칭호와 *의례도 격이 낮아졌고, 관복과 관직 체계도 점차 원의 방식을 따르게 되었다. 고려 왕의 *시호에도 원의 황제에게 충성하는 의미를 담아 '충(忠)' 자를 붙여야 한다.

고려 백성 사이에서는 원 조공에 대한 불만도 커지고 있다. 원은 해마다 고려에서 비단, 은, 곡물 등 귀한 특산물을 마구 거두어 가고 있다. 심지어 *공녀와 *환관까지 끌고 가는 상황이다.

고려 원로 대신 중 한 사람은 "원의 간섭이 날로 심해지면서 고려의 자주성과 정체성이 크게 훼손되고 있다. 또 조공을 무리하게 보내다 보니 고려 백성의 생활이 날로 어려워지고 있다."라고 우려를 나타냈다. 또 그는 "고려 조정에서 하루빨리 고려의 자주성과 실리를 지킬 수 있는 대책을 마련해야 한다."라고 강조했다.

***의례** 행사를 치르는 일정한 법식.
***시호** 왕이 죽은 뒤에 그 쌓은 업적을 칭송하여 붙인 이름.
***공녀** 중국의 요구로 바치던 여자.
***환관** 내시부에 속해 임금의 시중을 들거나 숙직 따위의 일을 맡아보던 남자.

| 제 12 호 | 고려 후기 |

권문세족의 대표 주자 기철을 만나다

고려 말, 원의 간섭이 심해지면서 고려에는 원에 기대어 권력을 누리는 세력이 생겨났습니다. 바로 권문세족입니다. 특히 기철은 원의 황후인 동생을 등에 업고 고려 왕을 뛰어넘는 권력을 휘두르기도 했습니다. 오늘은 기철을 만나 보겠습니다.

큰별: 원의 간섭이 심해지면서 원에 기대어 세력을 키운 권문세족이 나타났다고 들었습니다. 권문세족에 대해 자세히 알려 주시겠어요?

기철: 권문세족은 쉽게 말하면 '친원파'라고 할 수 있지! 권문세족 중에는 이전부터 권세가 높던 가문도 있다네. 또 원의 관리나 통역관으로 일하면서 힘을 얻게 된 자들도 있고. 지금은 원이 대세이니 원을 따라야 하지 않겠소?

큰별 인터뷰

하하하. 나는 친원파, 권문세족 중의 으뜸이라네. 큰별 기자도 한 자리 원하는가? 관심 있으면 얘기하시오.

저는 사양하겠습니다. 권문세족의 횡포가 몹시 심하다는 제보가 있습니다. 권문세족이 높은 관직을 독차지하고 권력을 이용해 백성의 땅을 빼앗는다고요. 거기에 큰 농장을 만들고 불법적으로 세금을 가로챈다고 하던데, 한말씀 해 주시죠.

어허, 본래 권력과 돈은 함께 따라다니는 법이오. 대세가 또 언제 바뀔지 모르니, 힘이 있을 때 챙겨 두어야 하지 않겠소? '물 들어올 때 노 젓는다'는 말도 있잖소. 우리는 백성이 먹고살기 힘드니까 일자리를 마련해 준 것이오. 나라에 세금을 내기 힘드니 그 땅을 권문세족에게 맡기고 일자리를 얻으면 상부상조하는 것 아니오.

그건 그렇고, 동생이 원의 황후 기황후이십니다. 고려 사람으로서 어떻게 원의 황후가 되셨나요?

원이 고려에 공녀, 그러니까 고려 여인을 원에 바치라고 했지. 내 여동생도 그렇게 원으로 가게 된 거요. 그런데 그게 출세의 길이었을 줄이야! 황궁에서 일하다가 원 황제인 순제의 마음을 사로잡았고, 아들을 출산하며 황후가 된 거지! 하하. 내 동생이 원 황제의 사랑을 받으며 권력을 손에 쥐었으니 나 또한 출셋길이 열린 거라네. 고려 왕도 나한테는 함부로 못 하지. 그러니 다른 권문세족들이 다 나한테 줄을 서는 거라네.

공민왕은 원의 간섭에서 벗어나고자 개혁을 추진합니다. 그 첫걸음이 원의 권세를 등에 업고 권력을 휘두른 기철 등 권문세족 세력의 숙청이었습니다. 백성을 외면하고 탐욕에 집착한 권력의 끝은 언제나 비참합니다. 지금까지 큰별 기자였습니다.

제 12 호　고려 후기

요즘 고려 최신 트렌드는?
몽골풍!

지금 고려는 몽골풍 대유행

　최근 고려에서 가장 유행하는 스타일이 있다. 바로 몽골풍이다. 지난주, 개경에는 원의 최고 별미인 상화를 파는 상화점이 열렸다. 상화란, 밀가루 반죽에 고기나 채소 소를 넣어 쪄 낸 정통 만두이다. 개경에 상화점이 개점하자마자 어린아이부터 어르신까지 너나 할 것 없이 줄을 섰다. 이날 상화를 맛본 한 어린아이는 "세상에 이렇게 맛있는 음식이 있다는 걸 처음 알았다."라며 엄지를 치켜들었다.

고려 남성들은 몽골풍 헤어스타일인 변발을 너도나도 시도하고 있다. 변발은 앞머리를 짧게 밀고, 뒷머리를 길게 땋는 식이다. 몽골풍 옷 스타일도 변발 못지않게 유행하고 있다. 윗옷과 아랫도리를 따로 재단해 만든 철릭은 활동성이 뛰어나 고려 남성들 사이에서 인기가 높다.

몽골풍 변발을 한 고려 남성은 "변발을 한 남성이 요즘 고려 여성들 사이에서 인기가 좋다. 유행에 민감하고 잘 꾸미는 남성이라고 여겨진다. 그러니 변발을 안 할 수 없다."라고 전하며 웃었다.

고려 여성들도 몽골풍에 푹 빠져 있다. 몽골풍 모자인 고고를 쓰고 다니는 여성이 점점 늘고 있다. 또 고려 예비 신부들 사이에서는 몽골풍 화장법을 너도나도 따라 하고 있다. 뺨에 연지를 찍어 화사하게 연출하는 방법이다.

한편, 고려 왕과 관리들이 몽골풍 이름을 쓰고 있다는 후문이다. 또 고려의 관직명에도 '아치', '치'와 같은 원나라식 어미가 쓰이고 있다. 원 문화의 인기가 고려 왕실에서도 꽤 높다는 것을 알 수 있다.

원에 부는 고려 문화 열풍

원 황실과 귀족 사회에서도 '*고려양'이 인기를 끌고 있다. 고려의 나전 칠기는 귀족의 필수품으로 자리 잡았고, 저고리와 치마를 따로 입는 한복이 원나라 여성 사이에서 유행하고 있다. 떡, *유밀과 등 고려의 음식도 원 상류층의 식탁을 장식하고 있다. 특히 상추에 밥과 고기를 싸 먹는 쌈이 유행처럼 번지고 있다.

원과 고려가 서로 가까워지면서 문화적인 영향을 많이 받고 있다. 이러한 흐름이 앞으로 고려에 이득인지 손해인지 지켜볼 필요가 있겠다.

***고려양** 중국 원에서 유행하던 고려의 음식이나 의복 등의 풍속을 원에서 이르던 말.
***유밀과** 밀가루나 쌀가루 반죽을 적당한 모양으로 빚어 바싹 말린 뒤 기름에 튀겨 꿀이나 조청을 바르고 튀밥, 깨 따위를 입힌 과자.

제 12 호 고려 후기

공민왕, 내정 개혁에 본격 착수하다

공민왕, 원의 간섭 벗어나려는 정책 적극 실시

　공민왕이 원의 간섭에서 벗어나 고려의 자주성을 회복하기 위한 여러 정책을 펼치고 있다. 최근 중국 곳곳에서 일어난 반란으로 원의 세력이 약해지자, 공민왕은 이 틈을 타 대대적인 개혁 정치를 추진하는 것으로 보인다.

　우선 공민왕은 친원 세력을 숙청했다. 강대국 원의 세력을 등에 업고 고려에서 권력을 누리며 부정부패를 일삼던 자들을 제거한 것이다. 특히 기철은 여동생 기황후를 믿고 백성의 땅을 함부로 빼앗으며 자신의 세력을 주요 관직에 앉히는 등 온갖 횡포를 일삼았기에 가장 먼저 숙청 대상이 되었다.

또 원의 간섭으로 바뀌었던 왕실의 호칭과 관청의 제도 등도 복구했다. 이뿐 아니라 변발이나 원 의복 등을 철저히 금지했다.

고려 정치를 간섭하던 정동행성 이문소도 폐지했다. 정동행성은 원이 일본 원정을 위해 개경에 설치한 기구이다. 원정 실패 이후에도 폐지하지 않고 고려의 내정 간섭 기구로 활용하고 있었는데 이번에 폐지되었다.

이와 더불어 공민왕은 쌍성총관부를 공격해 원에 빼앗겼던 동북쪽 영토를 되찾았다. 쌍성총관부는 1258년에 몽골이 설치한 통치 기구로, 고려와 몽골이 강화를 맺은 이후에도 계속 유지되어 사실상 원의 영토처럼 여겨져 왔다. 그러나 공민왕이 무력으로 쌍성총관부를 공격하면서 다시 고려의 영토로 회복되었다.

이후 공민왕은 원의 연호 사용을 중지해 고려가 원의 간섭에서 벗어났음을 선언했다.

공민왕, 승려 신돈 등용

공민왕은 곧바로 내정 개혁에도 들어갔다. 최근 승려 출신 신돈을 등용해 '전민변정도감'을 설치했다. 권문세족이 불법으로 빼앗은 토지와 노비를 원래 주인에게 돌려주는 작업에 착수한 것이다. 전민변정도감 설치를 직접 건의했던 신돈은 "어렵고 힘든 삶을 살고 있는 백성을 돕고, 다시 살기 좋은 세상을 만들겠다."라며 포부를 밝혔다. 공민왕 역시 "신돈은 승려 출신이라 특정 세력에 얽히지 않아 흔들림 없이 개혁을 추진할 인물"이라며 신뢰를 드러냈다.

이러한 공민왕의 강도 높은 개혁에 대해, 기득권 세력인 권문세족이 어떤 반응을 보일지 관심이 집중되고 있다.

제 12 호 고려 후기

공민왕 부부, 홍건적 피해 피란길 올라

공민왕, 홍건적 침입하자 안동으로 *피란

최근 홍건적이 수도 개경에 침입해 공민왕과 왕비인 노국 대장 공주가 피란길에 올랐다. 다행히 공민왕과 노국 대장 공주는 안동에 안전하게 도착한 것으로 전해졌다. 국왕의 피란 소식에 놀란 안동 백성은 거리로 나와 두 손을 모으며 눈물로 왕과 왕비를 맞이했다.

홍건적은 원에 대항해 일어난 도적 집단이다. 머리에 붉은 두건을 둘렀다고 해서

큰별 기사

홍건적이라고 불린다. 이들은 원을 상대로 반란을 일으켜 왔지만 원의 힘을 이기지 못한 채 추격당했고, 그중 일부가 고려 국경을 넘어 개경까지 들이닥친 것이다.

홍건적, 5일 만에 개경 함락

홍건적의 침입은 이번이 처음이 아니다. 1359년에 이미 한 차례 홍건적이 침입했었다. 당시 홍건적은 4만 군대를 이끌고 압록강을 건넜고 의주, 정주, 인주, 철주, 서경을 차례로 함락했다. 고려군은 홍건적에게 강하게 맞섰고, 압록강 너머로 홍건적을 몰아냈다.

공민왕을 가까이에서 모시는 한 관리는 "이번에는 약 10만 명에 이르는 홍건적이 개경에 침입했다. 공민왕께서는 수도 개경을 끝까지 지키고 싶으셨지만, 전세가 불리해지자 경상도 안동으로 피신하셨다."라며 홍건적에 대한 분노를 드러냈다.

안타깝게도 공민왕과 노국 대장 공주의 피란길은 험난했다고 전해진다. 장맛비로 개울이 불어나 길이 끊겨 오도 가도 못하는 상황이 벌어진 것이다. 그때 이 상황을 지켜보던 안동의 여인들이 먼저 물에 들어가 서로 어깨를 나란히 붙이며 몸으로 다리를 만들었다고 한다. 여인들의 등을 딛고 조심스레 건넌 노국 대장 공주는 안동 여인들의 도움에 눈물로 감사를 표했다고 전해진다.

고려 백성의 바람과는 달리, 홍건적은 공민왕이 떠난 지 5일 만에 개경을 함락시켰다. 그들은 개경의 *민가와 궁궐을 불태웠고, 백성과 가축을 살해하는 잔혹한 행위를 일삼았다. 이에 분노한 공민왕은 안동에서 피란하는 중에도 병력 재정비와 반격 준비를 지시했고, 상황을 수습하고자 각지의 장수들에게 협력을 명한 것으로 알려졌다.

공민왕은 "내가 비록 피란 중이라고는 하나 고려의 정신은 살아 있다. 백성과 함께 반드시 수도를 되찾겠다."라고 굳은 의지를 드러냈다.

*피란 난리를 피해 옮겨 감.
*민가 일반 백성이 사는 집.

제 12 호   고려 후기

과연 공민왕은 개혁에 실패했나?

공민왕의 의미 있는 개혁

"겉으로는 실패처럼 보이나 사실 더 큰 변화를 위한 시작"

14세기 말, 공민왕은 원의 간섭에서 벗어나려고 강력한 개혁 정치를 추진했습니다. 이는 공민왕의 단순한 정치적 선택이 아니었습니다. 당시 국제 정세의 흐름을 꿰뚫어 본 공민왕의 통찰에서 비롯된 것이지요. 당시 원의 상황은 예전만 못했습니다. 나라 곳곳에서 반란이 일어났고, 원은 점점 힘을 잃고 기울어 가고 있었습니다. 공민왕은 이 기회를 놓칠 수 없었어요. 곧바로 **원의 간섭을 벗어나기 위한 *반원 자주 정책을 추진**했습니다.

우선 권문세족과 친원 세력의 대표 격인 기철을 숙청했습니다. 고려 정치에 깊숙이 개입하던 정동행성 이문소를 폐지했고요. 또 원에 빼앗긴 영토를 되찾고자 쌍성총관부를 공격해 일부 지역을 회복했습니다. 고려의 정체성을 회복하고자 변발이나 *호복 같은 원의 풍습도 금지했습니다.

이와 더불어 권문세족을 견제하기 위한 내정 개혁에도 착수합니다. 공민왕은 개혁을 추진할 인물로 신돈을 등용해 전민변정도감을 설치했습니다. 전민변정도감에서는 권문세족이 불법으로 빼앗은 토지와 노비를 원래 주인에게 돌려주었습니다. 강제로 노비가 되었던 백성도 양민으로 신분을 회복시켜 주었고요. 이와 함께 공민왕은 신진 사대부를 적극 등용해 새로운 정치 세력을 키웠습니다.

반원 자주 정책
원에 반대하여 고려의 자주권을 회복하기 위한 개혁 정책.

호복
만주, 오랑캐의 옷차림.

큰별 칼럼

하지만 모든 개혁은 언제나 반발을 불러오는 법입니다. 기득권층이던 권문세족이 개혁에 강하게 반발했어요. 공민왕에게 숙청된 기철의 동생이자 원의 황후였던 기황후는 원 내부에서 복수를 꾀했지요.

외부에서도 위기가 닥쳐옵니다. 고려 북쪽에서는 홍건적이 침입하고, 남쪽 해안에는 왜가 출몰하며 고려는 안팎으로 극심한 혼란에 빠집니다. *설상가상으로 공민왕은 정치적 동지이자 사랑하는 부인인 노국 대장 공주가 죽으면서 깊은 상실감에 빠지고, 점차 국정에서도 멀어지게 됩니다. 결국 공민왕은 *정적에게 암살당하며 생을 마감했고, 그가 추진하던 개혁도 중단되고 맙니다.

여기에서 다시 한번 물어볼 필요가 있습니다. 과연 공민왕의 개혁은 진정 실패였을까요?

설상가상
난처한 일이나 불행이 잇달아 일어남.

정적
정치에서 대립되는 처지에 있는 사람.

고려 초기, 광종도 비슷한 길을 걸은 바 있습니다. 그는 과거제를 도입해 신분이 아니라 능력 중심으로 인재를 등용하는 정책을 폈습니다. 이로써 기득권에 맞설 자신의 정치적 기반을 마련했습니다.

공민왕 역시 권문세족에 맞서고자 신진 사대부를 등용해 개혁을 추진했습니다. 신진 사대부는 시간이 흐르면서 점차 중심 세력으로 성장했고, 고려 말의 혼란을 극복하고 조선을 세우는 데 큰 역할을 하게 됩니다.

공민왕의 개혁은 비록 그 시대에는 완성되지 못했지만, 신진 사대부라는 '씨앗'을 뿌렸습니다. 이는 이후 새로운 시대를 여는 '열매'로 자라났습니다. 겉으로는 실패처럼 보였지만, 실은 더 큰 변화를 불러오는 시작이었던 셈입니다.

공민왕의 개혁은 오늘날 우리에게도 많은 교훈을 남깁니다. 당장 눈앞에 보이는 결과만으로 성공과 실패를 단정할 필요는 없다는 점을 알려 주고 있어요. 또 어떤 일을 시도하는 진정한 의미는 시간이 지나서 드러날 수 있다는 사실도 알려 주지요. 이 교훈을 잊지 말아야겠습니다.

큰별쌤 최태성의 한국사신문 　　　　　　　　　　고려 후기

제13호 신흥 무인 세력이 등장하다

◆ 이성계·최영·최무선 등 신흥 무인 세력 성장　　◆ 화통도감　　◆ 『직지심체요절』

1. 외교 기로에 선 고려, 명이냐 원이냐
2. 신흥 무인 세력, 홍건적·왜구에 연속 승리
3. 〈큰별 인터뷰〉 최무선에게 듣는 화약 제조 성공담
4. 〈큰별 광고〉 금속 활자본 『직지심체요절』 한정판 특별 배포 안내
5. 〈큰별 칼럼〉 고려 말, 성리학 신드롬은 왜 일어났는가?

제 13 호 　 고려 후기

외교 기로에 선 고려
명이냐 원이냐

신진 사대부, 명과의 친선 주장

고려 조정이 외교 노선을 두고 뜨거운 논쟁을 벌이고 있다. 현재 중국에는 한족이 세운 '명'이 건국되었다. 그리고 원은 수도인 대도를 명에게 빼앗기고 북쪽으로 물러난 상황이다. 이에 고려에서는 앞으로 외교의 방향을 명과 원, 어느 쪽에 둘 것인가를 놓고 신진 사대부와 권문세족 간에 의견이 정면으로 충돌하고 있다.

우선 신진 사대부를 대표하는 정몽주가 공민왕에게 상소문을 올렸다. 그는 "지금

큰별 기사

세상의 대세는 명으로 기울고 있으며, 원에 얽매이다가는 오히려 명의 오해와 침략을 초래할 우려가 있다."라고 주장했다. 더불어 "명과 친하게 지내는 것이야말로 고려의 앞날을 보장하는 길"이라고 강조했다.

신진 사대부 측은 단순한 국력 비교를 넘어 도덕적 정통성도 근거로 제시했다. 그들은 "명은 하늘의 뜻을 받든 한족의 정통 국가이자 유학의 도를 따르는 나라"라며, 성리학적 가치에 비추어도 원과의 관계를 끊고 명과 친밀해야 한다고 주장했다.

신진 사대부는 공민왕이 반원 자주 정책과 각종 개혁을 추진하면서 새롭게 떠오른 세력이다. 이들은 대부분 지방 중소 토지 소유자 출신이며, 과거 시험을 치르고 관리가 된 사람들이다. 성리학을 받아들여 불교의 잘못된 점을 바로잡고자 했으며, 기득권 세력인 권문세족의 횡포를 비판하고 공민왕과 함께 개혁에 앞장섰다.

신진 사대부는 고려의 정치, 사회, 경제 전반의 모순을 해결하고, 백성이 편안하게 살 수 있는 나라를 만들고자 한다. 대표적인 인물로는 이색, 정몽주, 정도전, 조준 등이 있다.

권문세족, "원과의 관계 끊을 수 없어"

한편, 권문세족은 오랜 기간 이어 온 원과의 관계를 쉽게 끊을 수 없다며 신진 사대부의 주장에 반대하는 것으로 전해졌다. 이들은 "원과 좋은 관계를 유지해야 외교적 균형을 지킬 수 있다."라고 주장하고 있다.

이 소식을 들은 한 백성은 "오랫동안 원에 기대어 권력을 유지한 권문세족이 기득권을 잃지 않으려고 신진 사대부의 주장에 반대하는 것이 아니냐."라며 권문세족을 비판했다. 고려 조정이 새로운 국제 질서 속에서 어떤 결정을 내릴지 많은 이가 주목하고 있다.

제 13 호　고려 후기

신흥 무인 세력
홍건적·왜구에 연속 승리

홍산 대첩의 영웅, 최영

　홍건적과 왜구의 침입이 잇따르면서 고려 백성의 삶은 나빠질 대로 나빠졌다. **그런 가운데 최근 최영, 최무선, 이성계 등이 홍건적과 왜구를 물리쳤다는 소식이 들려와 백성이 기뻐하고 있다.**

　최영은 공민왕 때부터 홍건적과 왜구의 침입을 막아 내며 명성을 쌓아 왔다. 1376년, 최영은 61세 나이에 전쟁에 나가 홍산에서 왜구를 크게 물리치며 고려군의 큰 승

146

리를 이끌었다. 이 승리로 왜구는 사실상 *궤멸에 가까운 타격을 입었다.

최영은 평소 검소하고 청렴한 삶을 실천하는 것으로도 유명하다. 그는 '나라에 충성하고 백성에 의지하라'는 무인의 도를 몸소 보여 주어 조정과 백성 모두에 깊은 신뢰를 받고 있다.

실용과 혁신의 무장, 최무선

최무선은 오랜 시간 화약 개발에 전념한 인물이다. 그는 왜구의 위협에 맞서려면 반드시 화약 무기가 있어야 한다고 생각했다. 이에 화약 무기를 개발해야 한다고 강하게 주장해 왔다. 1377년에는 그의 건의로 화통도감이 생겼다. 화통도감은 화약과 화기의 제조를 맡은 임시 관청이다.

1380년 진포 대첩에서는 고려 *수군이 최초로 *화포를 실전에 투입해 활용했다. 이 전쟁에서 왜 함대를 무찌르는 데 화포가 결정적인 역할을 했다. 최무선의 실용적이고 과학적인 접근은 고려 수군의 능력을 한 단계 끌어올렸다는 평가를 받고 있다.

황산 대첩의 승리자, 이성계

한편, 진포 대첩 이후 육지로 달아난 왜구는 전라도 황산 일대에서 약탈을 이어 갔다. 이에 이성계는 배극렴과 함께 병력 1,500명을 이끌고 1만 명에 이르는 왜군에 맞서 황산 대첩을 승리로 이끌었다. 이 전투에서 왜구는 거의 전멸한 것으로 전해진다.

이성계를 평소 존경해 왔다는 한 백성은 "이제는 이성계 같은 인물이 나라를 이끌어야 한다."며 목소리를 높였다. 실제로 고려 조정 내 일부 신진 관료도 그를 중심으로 결집하는 분위기가 생겨 관심이 집중되고 있다.

최영, 최무선, 이성계가 부상하자 권문세족 중심이던 정치 질서에 균열이 일어나고 있다. 고려 말, 새로운 정치 지형의 변화가 예고된다.

---

*궤멸 조직이나 집단이 완전히 무너져 없어짐.
*수군 바다에서 공격과 방어 임무를 수행하는 군대.
*화포 대포처럼 화약의 힘으로 탄환을 쏘는 대형 무기.

제 13 호 　 고려 후기

최무선에게 듣는 화약 제조 성공담

최무선은 우리나라 최초로 화약 제조에 성공한 인물입니다. 그의 건의로 화약과 화포의 제조를 담당하는 화통도감이 설치되었죠. 화통도감의 무기는 왜구를 물리치는 데 큰 역할을 합니다. 오늘은 화약 전문가 최무선을 만나 보겠습니다.

큰별

진포 대첩에서 직접 만든 화약과 화포를 사용해 왜구를 크게 물리치셨다고요. 당시 소감을 말씀해 주시겠어요?

최무선

화약과 화포를 만들기까지 고되고 힘든 일이 많았소. 하지만 화약 무기는 왜구를 물리치는 데 꼭 있어야 했다네. 왜구의 배가 500척이나 되더라도 멀리서 화포를 쏘면 빠르게 물리칠 수 있거든. 화약 무기 덕분에 왜구를 물리친 데다 화약과 무기 제작도 성공적이었으니, 그 기쁨이 이루 말할 수 없었지.

그때까지 고려에는 화약 제조 기술이 없었다고 들었는데요, 어떻게 화약을 제조하려고 했나요?

내가 어릴 때부터 왜구는 고려의 큰 골칫거리였다오. 고려인을 죽이고, 곡식이나 가축을 빼앗고, 마을에 불을 지르기도 했지. 왜구를 물리치려면 강력한 무기가 필요했소. 중국에서 화약 무기를 사용하는 모습을 보고 '이거다' 싶었다오. 다만 고려는 기술이 없어서 처음에는 좀 막막했다오. 중국에서는 오래전부터 화약 무기를 사용했지만, 무기 제작 기술은 국가 비밀이니 쉽게 알려 주지 않았지.

그런데도 결국 제작에 성공하셨어요! 그 과정을 자세히 알고 싶습니다.

화약 제조에 꼭 필요한 '염초'를 만드는 게 가장 문제였소. 여러 번 실패를 거듭했지만, 고려를 위해서 끝까지 포기하고 싶지 않았소. 나는 벽란도에 가서 중국에서 오는 사람이 있으면 꼭 만나려고 했다오. 화약 만드는 법을 물어보려는 계획이었지. 그러다 원에서 기술자로 일했던 이원이라는 사람을 만날 수 있었소. 그를 집으로 모셔 극진히 대접하고 화약 제조에 대한 내 열정과 포부를 보여 주며 그를 설득했지. 결국 그는 나에게 화약 제조 기술을 알려 주었소. 이후 수많은 실험 끝에 마침내 화약 제조에 성공할 수 있었지.

최무선이 화약 제조에 성공한 이후 고려의 화약 무기는 점차 발전했습니다. 그리고 그 기술은 조선 시대까지 이어졌지요. 최무선의 포기하지 않는 도전 정신이 나라를 지켰습니다. 지금까지 큰별 기자였습니다.

큰별 광고

금속 활자본 『직지심체요절』

★한정판★
특별 배포
안내

청주 흥덕사에서는 최첨단 기술인 금속 활자로 인쇄된
『백운화상초록불조직지심체요절』 (이하 『직지심체요절』)
상·하권을 한정 수량으로 배포합니다.

『직지심체요절』이란?

불교 경전과 불교의 핵심 가르침을 모아 정리한 책입니다. 백운 스님의 주도 하에 선종 불교의 교리를 간결하고 체계적으로 구성하였습니다.

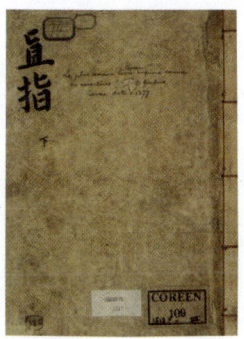

직지심체요절 (프랑스 국립 도서관)

누구에게?

한정판은 고려에 사는 승려라면 누구나 받으실 수 있습니다. 흥덕사를 평소 적극적으로 후원하는 신도도 해당됩니다. 또 불교 연구에 뜻이 있는 학자와 관리라면 흥덕사로 오셔서 받아 가실 수 있습니다.

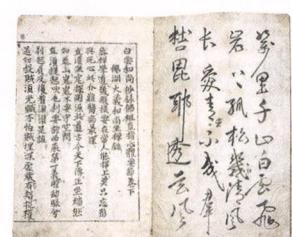

백운화상초록불조직지심체요절
(국립중앙박물관)

금속 활자본은?

보존성과 예술성이 매우 뛰어납니다. 목판본과는 비교할 수 없는 품질입니다. 청주 흥덕사의 장인들이 정성을 다해 금속 활자를 제작하여 *오탈자가 거의 없고 글씨체도 아름답습니다.

*오탈자 글자가 잘못되었거나 빠진 것.

고려 금속 활자
(국립중앙박물관)

| 제 13 호 | 고려 후기 |

고려 말, 성리학 신드롬은 왜 일어났는가?

새로운 왕조는 새로운 시대정신 필요해

"신진 사대부는 성리학을 바탕으로 목표 세워"

역사에서 왕조가 바뀌는 순간은 언제일까요? 왕조 교체는 단순히 현재 왕보다 더 힘센 인물이 등장하는 것만으로 이루어지지 않습니다. 새로운 인물과 함께 새로운 시대를 이끌 수 있는 새로운 생각과 새로운 철학이 등장해야 합니다. 그래야 비로소 새로운 왕조가 세워질 수 있습니다.

조선의 건국이 좋은 예입니다. 고려가 무너지고 조선이 세워지는 과정은 단순히 권력 싸움에서 이기고 지는 것으로 이루어지지 않았습니다. 고려 말의 여러 가지 사회 문제를 해결하겠다는 정신이 있었습니다. 새로운 나라를 세우겠다는 새로운 *시대정신이 있었기에 조선이 탄생할 수 있었습니다.

고려 중기의 무신들은 힘을 앞세워 정권을 잡았습니다. 그러나 그들에게는 '앞으로 어떤 나라를 만들 것인가'에 대한 명확한 *비전은 없었지요. 결국 무신 정권은 내부 분열과 혼란으로 100년도 채 되지 않아 무너지고 말았습니다. 힘만으로는 결코 오래갈 수 없다는 교훈을 남긴 채 말이죠.

반면, 고려 말에 등장한 신진 사대부는 여러 면에서 달랐습니다. 이들은 성리학이라는 새로운 사상을 받아들였습니다. 그리고 성리학에서 새로운 시대정신을 발견했습니다.

시대정신
한 시대의 사회에 널리 퍼져 그 시대를 지배하거나 특징짓는 정신.

비전(vision)
미래에 대한 전망, 계획, 또는 목표.

큰별 칼럼

성리학이란, 우주의 질서와 인간의 마음을 깊이 연구한 유학의 한 갈래입니다. 성리학에서는 힘이 아니라 *도리로 나라를 다스려야 한다고 강조합니다. 왕은 나라를 잘 다스리도록 충직한 신하의 말에 귀를 기울이고, 백성을 위해야 한다고 가르칩니다. 또 선비들은 바른 행실로 백성에게 모범이 되고, 백성은 부지런하고 정직해야 한다고 이릅니다.

고려 말은 권문세족이 권력을 독차지하던 시기였습니다. 불교는 부패할 대로 부패했고, 사회적인 모순이 극심했습니다. 권문세족은 자신들의 힘과 권력을 함부로 휘둘렀고, 백성은 거기에 억압당했지요. 그들은 불법적으로 토지를 소유하며 막강한 권세를 누렸습니다.

도리
사람이 마땅히 행해야 할 바른길.

제 13 호   고려 후기

이러한 사회적 문제를 해결하고자 신진 사대부는 성리학을 받아들였습니다. 성리학을 바탕으로 권문세족의 부패와 불공정한 사회를 비판했습니다. 또 왕은 도덕과 원칙을 따르며 나라를 다스려야 한다고 주장했지요. 나라에 공정한 질서를 세워야 한다고 강조한 것입니다. 성리학에서는 왕이 백성을 위한 정치를 해야 한다고 가르치기에, 신진 사대부는 이를 바탕으로 고려의 사회적 모순을 바로잡으려 했습니다.

신진 사대부는 이러한 성리학을 바탕으로 '앞으로 어떤 나라를 만들 것인가'에 대한 분명한 목표를 세웠습니다. 도덕적으로 살아가는 왕, 백성을 위해 정치하는 정부, 공정한 사회 질서와 *민본주의를 제시했지요. 그들은 고려와는 다른 방식으로 나라를 운영하겠다는 기준을 마련했습니다.

이 새로운 시대정신은 실천으로 이어졌습니다. 신진 사대부는 이성계 등 신흥 무인 세력과 힘을 합쳐 사회를 변화시켰어요. 권문세족의 부패와 불법적 토지 소유를 개혁했지요.

사회를 바꾸는 진정한 힘은 무엇을 위해 힘을 쓸 것인지, 어떤 세상을 만들 것인지에 대한 명확한 비전에서 나옵니다. 조선 건국이 남긴 가장 큰 교훈은 바로 여기에 있습니다.

민본주의
국민의 이익과 행복 증진을 근본이념으로 하는 정치 사상.

큰별쌤 최태성의 한국사신문

고려 후기

제 **14** 호

500년 고려 왕조가 무너지다

◆ 위화도 회군　◆ 과전법　◆ 정몽주

1. 이성계, 위화도 회군 단행 후 정권 장악
2. 고려 왕조 500년 역사 속으로 사라져
3. 〈큰별 인터뷰〉 충절과 절개의 상징, 정몽주를 만나다
4. 〈큰별 칼럼〉 역사의 갈림길에서 최영과 이성계의 선택

이성계, 위화도 회군
단행 후 정권 장악

이성계, 위화도 회군 후 정권 장악

요동을 정벌하러 떠난 이성계가 압록강 하류 위화도에서 돌연 회군했다. 그는 회군한 후 바로 개경에 입성해 정권을 장악했다. 이 과정에서 고려의 실세였던 최영은 체포되어 유배되었고, 고려 우왕 역시 폐위되며 고려 정국은 매우 큰 변화를 맞고 있다.

이성계는 우왕과 최영에게서 요동을 정벌하라는 명을 받았다고 전해진다. 그러나 그는 네 가지 이유, 즉 '사불가론(四不可論)'을 내세워 요동 정벌에 강하게 반대했던 것으로 알려졌다. 사불가론의 내용은 이러하다.

① 작은 나라가 큰 나라를 상대로 전쟁하는 건 옳지 않다.
② 고려가 요동을 공격하면 왜가 그 틈에 고려의 남쪽 지역을 공격할 수 있다.
③ 여름철은 백성이 한창 논에 나가 일할 때라 노동력이 필요한 시기이다. 이런 때에 백성에게 농사를 멈추고 전쟁에 뛰어들라고 해서는 안 된다.
④ 여름철이라 활의 *아교가 녹아서 활을 무기로 쓸 수 없다. 또 병사들이 전염병에 걸리기 쉽다.

이성계의 반대에도 불구하고 우왕은 요동 정벌을 강행했다. 이성계는 왕명에 따라 어쩔 수 없이 *출정했으나 위화도에 다다르자 명을 공격하는 것이 옳지 않다고 판단했고 결국 회군을 결정한 것이다. 그는 군사를 돌려 개경으로 향했고, 수도에 입성한 뒤 최영을 체포해 유배 보내고 우왕을 폐위시키는 등 빠르게 정권을 장악했다.

한 고려 관리는 "이성계 장군은 무력으로 권력을 장악했다. 고려 역사에 또다시 이런 일이 벌어졌다니 믿을 수 없다."라며 강하게 비판했다. 그러나 또 다른 관리는 "권문세족의 횡포를 막고 부패한 정치 구조를 바꿀 기회가 드디어 왔다."라며 은근한 기대감을 드러냈다.

정도전, "이제는 나라를 바꿔야 할 때"

위화도 회군 이후 이성계의 움직임이 심상치 않다. 최근 이성계는 신진 사대부 중 특히 성리학을 바탕으로 이상 정치를 주장해 온 정도전, 조준 등과 긴밀히 접촉해 온 것으로 알려졌다. 또 권문세족의 불법적인 토지 소유를 개혁하고, 유교적 왕도 정치를 바탕으로 정치 체계를 마련하려고 움직이고 있다. **이성계의 측근인 정도전은 기자와의 비공식 대화에서 "이제는 나라를 바꿔야 할 때이다. 고려의 부패와 혼란을 끝내고 새로운 질서를 세울 준비가 되어 있다."라고 밝혔다.** 앞으로 이성계의 행보를 지켜볼 필요가 있다.

*아교 짐승의 가죽, 힘줄, 뼈 등을 진하게 고아서 굳힌 끈끈한 것. 풀로도 쓰고, 지혈제로도 쓴다.
*출정하다 싸움터에 나가다.

제 14 호　고려 후기

고려 왕조 500년 역사 속으로 사라져

급진파 신진 사대부, 과전법 시행

고려 왕조 500년 역사가 급격한 정치 변동 속에서 사실상 막을 내렸다.

위화도 회군 이후 실권을 장악한 이성계와 급진파 신진 사대부는 1391년 과전법을 전격 시행했다. 과전법이란, 기존 권문세족이 차지하고 있던 토지를 국가가 다시 거둬들여서 이를 관리들에게 세금을 거둘 권리만 지급하는 방식으로 분배하는 것을 말한다.

그동안 권문세족은 나라에서 받은 토지뿐 아니라 권력을 이용해 백성의 땅을 강제로 빼앗았다. 그 땅으로 대규모 농장을 소유하며 엄청난 부를 누린 것이다. 땅을 빼앗긴 백성이 먹고살기 힘들어진 건 당연한 결과였다. 살아가기 힘들어진 백성 중에는 권문세족의 노비가 되기로 선택하는 이도 있었다.

세금을 낼 농민이 줄어들자, 나라의 재정 상태는 자연스럽게 나빠졌다. 재정 문제를 해결하려면 토지 제도 개혁이 필요했다. 이성계와 신진 사대부가 과전법을 시행한 이유이다. 이번에 과전법을 실시함으로써 권문세족의 경제적 기반이 붕괴되고, 신진 사대부의 정치적 영향력은 날로 확대되고 있다.

온건파 신진 사대부 정몽주 피살

이런 상황에서 고려 왕조를 유지해야 한다고 주장해 온 온건파 신진 사대부를 대표하는 정몽주가 1392년 5월, 이성계의 아들 이방원이 보낸 자객에게 피살됐다. 정몽주의 죽음으로 온건파 신진 사대부는 사실상 힘을 잃었고, 고려 왕조를 지지하던 세력도 대부분 침묵하거나 해산한 상황이다.

과전법을 시행하고 정몽주가 피살되면서 고려 왕조가 더는 유지되기 어렵다는 전망이 지배적이다. 이성계와 급진파 신진 사대부를 중심으로 새로운 나라는 세우는 작업이 *초읽기에 들어갔다. 현재 명목상으로는 고려 공양왕이 왕위에 있지만, 실권은 이성계와 급진파 사대부에게 완전히 넘어갔다고 볼 수 있다. '조선'이라는 새 국호가 검토되고 있다는 말도 나오고 있다.

백성 사이에서는 "부패한 왕조가 끝나고, 백성을 위한 나라가 시작되기를 바란다."라는 기대와 함께 "충신이 죽고 칼로 권력을 잡는 일이 과연 정당한가?"라는 우려도 공존하고 있다. 과연 고려 왕조 다음으로는 어떤 시대가 열리게 될지 모두의 관심이 집중되고 있다.

***초읽기** 어떤 일이 시간상 급박한 상태를 비유적으로 이르는 말.

제 14 호 고려 후기

*충절과 *절개의 상징 정몽주를 만나다

고려 말, 급진파 신진 사대부는 새로운 나라를 세우고자 했습니다. 하지만 온건파 신진 사대부였던 정몽주는 끝까지 고려 왕조를 지키고자 했습니다. 그는 고려에 개혁이 필요하기는 하지만 굳이 왕조를 바꿀 것까지는 아니라고 생각했지요. 오늘날까지 고려의 충신으로 기억되는 정몽주를 만나 당시 상황을 들어 보겠습니다.

큰별

고려가 흔들리면서 신진 사대부가 온건파와 급진파로 나뉘었습니다. 온건파인 정몽주 선생께서는 고려 왕조를 끝내고 새로운 나라를 세우자고 주장하는 급진파를 어떻게 생각하셨나요?

정몽주

나라가 어려울수록 힘을 모아야 한다고 생각합니다. 급진파의 주장이 전혀 이해되지 않는 것은 아닙니다. 고려는 오랜 기간 외적의 침입과 권문세

큰별 인터뷰

족의 횡포로 위기를 겪었지요. 저 역시 개혁이 필요하다는 데에는 동의합니다. 다만, 왕조를 바꾸는 것은 신하로서 도리가 아니라고 생각했습니다. 고려의 틀 안에서 개혁을 이루는 것이 옳다고 믿었습니다.

고려의 마지막 충신으로 불리시는 이유가 있군요. 고려가 다시 번성할 수 있다고 믿으셨습니까?

물론입니다. 고려는 500년 가까이 이어진 왕조입니다. 권문세족의 부패를 없애고, 성리학을 바탕으로 국가 체제를 바로잡으면 충분히 다시 일어설 수 있다고 믿었습니다. 저의 역할은 고려를 버리는 것이 아니라, 고려를 개혁하고 강하게 만드는 데에 있다고 생각했지요. 하지만 정도전과 이성계 등은 이미 새로운 왕조를 세우는 일을 준비하고 있었지요.

결국 이성계의 아들 이방원이 정몽주 선생을 설득하려고 찾아왔다는 이야기가 전해집니다. 그날의 일을 기억하십니까?

잊을 수 없는 날입니다. 이방원은 시조 '하여가'를 읊으며 저에게 새로운 나라를 세우는 일에 동참할 것을 권유했습니다. 저는 이에 '단심가'로 응답하며, 끝까지 고려에 충성하겠다는 의지를 밝혔습니다. 결국 그 신념 때문에 목숨을 잃었지만…… 후회는 없습니다. 신하로서 마지막까지 도리를 다했다고 생각합니다.

이방원은 정몽주를 설득하는 것이 불가능하다고 판단해, 결국 그를 제거하기로 결심합니다. 정몽주가 사라지고 나서 조선 건국은 빠르게 진행됩니다. 하지만 고려를 끝까지 지키고자 했던 그의 신념은 훗날 충절의 상징이 되었으며, 그의 절개는 오늘날까지 높이 평가받고 있습니다. 지금까지 큰별 기자였습니다.

*충절 충성스러운 절개.
*절개 신념, 신의 등을 굽히지 아니하고 굳게 지키는 꿋꿋한 태도.

제 14 호   고려 후기

역사의 갈림길에서 최영과 이성계의 선택

같은 뜻을 품은 동지였던 최영과 이성계

"시대의 변화 앞에서 각자 어떤 선택을 해야 하는지 고민해야"

고려 말, 홍건적과 왜구가 잇따라 침입하면서 고려는 큰 피해를 입었습니다. 이런 혼란 속에서 최영과 이성계는 외적을 물리치며 큰 공을 세웠고, 백성에게 두터운 신임을 얻었습니다. 특히 최영은 이성계의 뛰어난 능력을 높이 평가하며 특별히 신뢰했습니다. 두 사람은 전쟁터에서 함께 싸우며 서로에게 든든한 동지이자 믿음직한 협력자가 되었죠.

하지만 시간이 흐르면서 두 사람의 판단과 정치적 입장은 점점 차이를 보였습니다. 1388년, 명은 요동의 철령 이북 지역에 철령위를 설치하겠다며 고려에 그 땅을 넘기라고 요구했습니다. 이에 최영은 명에 맞서야 한다고 주장했고, 결국 우왕은 요동 정벌을 결정했습니다.

이성계는 여기에 반대했으나 그의 의견은 받아들여지지 않았습니다. 그리고 이성계는 출정 명령을 따르던 중, 압록강 부근 위화도에서 *고심 끝에 군대를 돌려 개경으로 향하게 됩니다. 이것이 바로 유명한 **위화도 회군**입니다. 정권을 잡은 이성계는 최영을 유배 보낸 뒤, 곧 처형했습니다.

전해지는 이야기에 따르면, 이성계가 최영에게 "이런 일이 본래 제 뜻은 아니었습니다. 전쟁은 백성에게 고통만 줄 뿐이라 어쩔 수 없는 선택이었습니다."라고 해명하며, "잘 가십시오."라는 마지막 인사를 남겼다고

고심
몹시 애를 태우며 마음을 씀.

큰별 칼럼

합니다. 오랫동안 나라를 위해 함께 싸웠던 두 장군은 결국 서로 다른 길을 걷게 된 셈입니다.

최영과 이성계는 모두 나라를 걱정했던 인물입니다. 그러나 시대를 바라보는 시각과 위기를 해결하는 방식이 달랐기에 결국 서로 다른 길을 선택하게 되었습니다.

그들의 이야기는 한때 같은 뜻을 품었던 동지라도, 생각이 달라지면 다른 결과를 맞이할 수 있음을 보여 줍니다. 그리고 역사는 누가 이기고 졌는지를 따지기보다, **각자의 선택이 왜 나왔고 그것이 후대에 어떤 영향을 주었는지를 깊이 이해하는 것이 중요**하다고 말해 줍니다. 시대의 변화 앞에서 우리는 어떤 선택을 해야 할지, 생각이 다른 사람을 어떻게 바라보고 이해할지에 대한 깊은 교훈을 되새겨 봅시다.

사진 출처

국가유산청
44~45쪽 | 논산 관촉사 석조미륵보살입상, 111쪽 | 대장경판

국립중앙박물관
65쪽 | 한국학중앙연구원, 111쪽 | 대장경판, 151쪽 | 고려 금속 활자, 백운화상초록불조직지심체요절

한국민족문화대백과사전
151쪽 | 직지심체요절

* 이 책에 수록된 사진은 박물관과 저작권자의 허가를 받아 사용했습니다.
* 이 책에 수록된 사진 중 출처가 불명확하여 허가를 받지 못한 일부 사진에 대해서는 저작권자가 확인되는 대로 게재 허락을 받고 사용료를 지불하겠습니다.

큰별쌤 최태성의 한국사신문
② 후삼국~고려

1판 1쇄 발행 2025년 8월 11일 **1판 2쇄 발행** 2025년 11월 25일

기획·글 최태성 **글** 김혜성 **그림** 송진욱
연구 및 검수 별별한국사연구소(곽승연, 이상선, 김혜진, 권혜성)

펴낸이 박기석 **콘텐츠실장** 임애라
출판팀장 오성임 **편집** 하명희 **마케팅** 김민지, 김참별
책임편집 박유진 **디자인** 도토리
펴낸곳 아이스크림북스 **출판등록** 2013년 8월 26일 제2013-000241호
사용연령 8세 이상 **제조연월** 2025년 11월 **제조국** 대한민국

주소 (06771) 서울시 서초구 매헌로 16 하이브랜드빌딩 18층
전화 02-3440-4604
이메일 books@i-screamedu.co.kr
인스타그램 @iscreambooks

ⓒ 최태성, 김혜성, 송진욱, 2025

※아이스크림북스는 ㈜아이스크림에듀의 출판 브랜드입니다.
※이 책을 무단 복사·복제·전재하면 저작권법에 저촉됩니다.
※잘못 만들어진 책은 구입하신 곳에서 교환해 드립니다.

ISBN 979-11-6108-772-6(74910)

어린이제품 안전특별법에 의한 품질 표시
KC마크는 이 제품이 공통안전기준에 적합하였음을 의미합니다.